India Maitsete Maailm

Autentne Kokaraamat

Priya Sharma

Kokkuvõte

Maguskartuli rullid 18
    koostisained 18
    meetod 18

Kartuli pannkoogid 19
    koostisained 19
    meetod 20

Murgh Malai Kebab 21
    koostisained 21
    meetod 22

Keema Sofi 23
    koostisained 23
    meetod 24

muna pakoda 26
    koostisained 26
    meetod 26

annus mune 27
    koostisained 27
    meetod 28

Khasta Kachori 29
    koostisained 29
    meetod 30

Dhokla pulsi segu 31
    koostisained 31

- meetod 32
- Frankie 33
  - koostisained 33
  - meetod 34
- suudlused ja juustune rõõm 35
  - koostisained 35
  - Oasegu jaoks: 35
  - meetod 36
- tšilli idli 37
  - koostisained 37
  - meetod 37
- suupisted spinatiga 38
  - koostisained 38
  - meetod 39
- Paushtik Chaat 40
  - koostisained 40
  - meetod 41
- kapsarull 42
  - koostisained 42
  - meetod 43
- tomati leib 44
  - koostisained 44
  - meetod 44
- maisi ja juustu lihapallid 45
  - koostisained 45
  - meetod 45
- Chivda maisihelbed 46

- koostisained 46
- meetod 47
- pähklirull 48
  - koostisained 48
  - meetod 49
- Kapsarullid hakklihaga 50
  - koostisained 50
  - meetod 51
- Pav Bhaji 52
  - koostisained 52
  - meetod 53
- sojakotlet 54
  - koostisained 54
  - meetod 54
- Osta maisi 56
  - koostisained 56
  - meetod 56
- Methi podagra 57
  - koostisained 57
  - meetod 58
- idli 59
  - koostisained 59
  - meetod 59
- Idli Plus 60
  - koostisained 60
  - meetod 61
- masala kuklid 62

- koostisained 62
- meetod 63

Mündi kebab 64
- koostisained 64
- meetod 64

Taimne Sevia Upma 65
- koostisained 65
- meetod 66

omandada 67
- koostisained 67
- meetod 67

sabudana khichdi 68
- koostisained 68
- meetod 69

tavaline dhokla 70
- koostisained 70
- meetod 71

Khaldi kartulid 72
- koostisained 72
- meetod 72

oranž dhokla 73
- koostisained 73
- meetod 74

kapsas muthia 75
- koostisained 75
- meetod 76

rava dhokla 77

koostisained 77

meetod 77

Chapatti Upma 78

koostisained 78

meetod 79

Dhokla on kadunud 80

koostisained 80

meetod 80

Tükeldasin Mughlai liha 81

koostisained 81

meetod 82

Masala Vada 83

koostisained 83

meetod 83

kuradi chivda 84

koostisained 84

meetod 85

Besan Bhajji leib 86

koostisained 86

meetod 86

Methi Seekh Kebab 87

koostisained 87

meetod 87

Jinga Hariyali 88

koostisained 88

meetod 89

methi adai 90

- koostisained ... 90
- meetod ... 91
- herne chaat ... 92
  - koostisained ... 92
  - meetod ... 92
- Shingada ... 93
  - koostisained ... 93
  - Saiakeste jaoks: ... 93
  - meetod ... 94
- Sibula bhajia ... 95
  - koostisained ... 95
  - meetod ... 95
- bagani munk ... 96
  - koostisained ... 96
  - Marinaadi jaoks: ... 97
  - meetod ... 97
- kartuli tikki ... 98
  - koostisained ... 98
  - meetod ... 99
- Mine maguskartuli juurde ... 100
  - koostisained ... 100
  - meetod ... 101
- Mini kana kebab ... 102
  - koostisained ... 102
  - meetod ... 103
- riisi merikeel läätsedega ... 104
  - koostisained ... 104

meetod	105
toitev poha	106
koostisained	106
meetod	106
Ühised palved	107
koostisained	107
meetod	108
Leib Chutney Pakoda	109
koostisained	109
meetod	109
Methi Khakra Delight	110
koostisained	110
meetod	110
lõika roheliseks	111
koostisained	111
meetod	112
Handvo	113
koostisained	113
meetod	114
Ghugra	115
koostisained	115
meetod	115
banaani kebab	117
koostisained	117
meetod	117
Zunka	118
koostisained	118

- meetod 119
- naeris karri 120
  - koostisained 120
  - meetod 121
- Chhaner Dhalna 122
  - koostisained 122
  - meetod 123
- mais kookospähkliga 124
  - koostisained 124
  - Kookospasta jaoks: 124
  - meetod 125
- Roheline pipar kartulitega 126
  - koostisained 126
  - meetod 127
- Maitsestatud herned kartulitega 128
  - koostisained 128
  - meetod 129
- praetud seened 130
  - koostisained 130
  - meetod 130
- Vürtsikad seened maisiga 131
  - koostisained 131
  - meetod 132
- Vürtsikas kuivatatud lillkapsas 133
  - koostisained 133
  - meetod 134
- seene karri 135

koostisained 135

meetod 136

baingan bharta 137

koostisained 137

meetod 138

Taimne Hyderabad 139

koostisained 139

Vürtside segu jaoks: 139

meetod 140

Kaddu Bhaji* 141

koostisained 141

meetod 142

Muthia nüüd Shak 143

koostisained 143

meetod 144

Kõrvitsa koot 145

koostisained 145

meetod 146

Rasa 147

koostisained 147

meetod 148

Doodhi Manpasand 149

koostisained 149

meetod 150

Tomati chokha 151

koostisained 151

meetod 151

Baingan Chokha 152
    koostisained 152
    meetod 153
Lillkapsa ja herne karri 154
    koostisained 154
    meetod 154
Aloo Methi ki Sabzi 155
    koostisained 155
    meetod 155
Magushapu Karela 156
    koostisained 156
    meetod 157
Karela Koshimbir 158
    koostisained 158
    meetod 159
Karela karri 160
    koostisained 160
    meetod 161
Lillkapsas 162
    koostisained 162
    meetod 162
pähkli karri 163
    koostisained 163
    meetod 164
Daikon lahkub Bhaajist 165
    koostisained 165
    meetod 165

- Chohole Aloo 166
  - koostisained 166
  - meetod 167
- maapähkli karri 168
  - koostisained 168
  - meetod 169
- upkari oad 170
  - koostisained 170
  - meetod 170
- Karate Ambadei 171
  - koostisained 171
  - meetod 172
- kadhai paneer 173
  - koostisained 173
  - meetod 173
- Kathirikkai Vangi 174
  - koostisained 174
  - meetod 175
- Pitt 176
  - koostisained 176
  - meetod 177
- lillkapsas masala 178
  - koostisained 178
  - Kastme jaoks: 178
  - meetod 179
- Shukna Kaça Pepe 180
  - koostisained 180

meetod 181

kuivatatud okra 182

    koostisained 182

    meetod 182

Moghlai lillkapsas 183

    koostisained 183

    meetod 183

Bhapa Shorshe Baingan 184

    koostisained 184

    meetod 185

Röstitud köögiviljad vürtsikas kastmes 186

    koostisained 186

    meetod 187

maitsev tofu 188

    koostisained 188

    meetod 188

Aloo Baingan 189

    koostisained 189

    meetod 190

Magus hernekarri 191

    koostisained 191

    meetod 192

Kõrvitsa ja kartuli karri 193

    koostisained 193

    meetod 194

Thorani muna 195

    koostisained 195

meetod ... 196
Baingan Lajawab ... 197
    koostisained ... 197
    meetod ... 198
Taimetoitlane kevad ... 199
    koostisained ... 199
    meetod ... 200
Täidetud köögiviljad ... 201
    koostisained ... 201
    Täidise jaoks: ... 201
    meetod ... 202
Aloo Singh ... 203
    koostisained ... 203
    meetod ... 203
sindi karri ... 204
    koostisained ... 204
    meetod ... 205
Gulnar Kofta ... 206
    koostisained ... 206
    Vürtside segu jaoks: ... 206
    meetod ... 207
paneer korma ... 208
    koostisained ... 208
    meetod ... 209
Kartulitšatni ... 210
    koostisained ... 210
    meetod ... 211

Fuajee 212
    koostisained 212
    meetod 213

Taimne Khatta Meetha 214
    koostisained 214
    meetod 215

Dahiwale Chhole 216
    koostisained 216
    meetod 217

Teekha Papad Bhaji* 218
    koostisained 218
    meetod 218

maguskartuli rullid

Tehke 15-20

koostisained

4 suurt bataati, aurutatud ja püreestatud

175 g / 6 untsi riisijahu

4 supilusikatäit mett

20 india pähklit, kergelt röstitud ja tükeldatud

20 rosinat

Soola maitse järgi

2 tl seesamiseemneid

Ghee praadimiseks

meetod

- Sega kõik koostisosad, välja arvatud seesamiseemned ja maitseained.

- Vormi kreeka pähkli suurused pallikesed ja veereta neid seesamiseemnetes, et neid katta.

- Kuumuta pannil ghee. Prae pallid keskmisel kuumusel kuldpruuniks. Serveeri kuumalt.

Kartuli pannkoogid

30 tagasi

koostisained

6 suurt kartulit, 3 riivitud pluss 3 keedetud ja püreestatud

2 muna

2 spl tavalist valget jahu

½ tl värskelt jahvatatud musta pipart

1 väike sibul, peeneks hakitud

120 ml piima

60 ml / 2 ml untsi rafineeritud taimeõli

1 tl soola

2 supilusikatäit õli

meetod

- Segage kõiki koostisosi, välja arvatud õli, kuni saate paksu segu.

- Kuumuta lame pann ja määri see õliga. Lisa 2-4 suurt taignapalli ja rulli need laiali nagu pannkoogid.

- Prae mõlemalt poolt keskmisel kuumusel 3-4 minutit, kuni pannkook on kuldpruun ja servadest krõbe.

- Korrake sama ülejäänud taigna jaoks. Serveeri kuumalt.

Murgh Malai Kebab

(Röstitud kana rinnad)

Tehke 25-30

koostisained

1 spl ingveripastat

1 spl küüslaugupastat

2 rohelist tšillit

25 g koriandri lehti, peeneks hakitud

3 supilusikatäit koort

1 tl tavalist valget jahu

4½ untsi / 125 g riivitud Cheddari juustu

1 tl soola

500 g kondita kana, peeneks hakitud

meetod

- Sega kõik koostisosad, välja arvatud kana.

- Marineeri kanatükke seguga 4-6 tundi.

- Aseta küpsetusnõusse ja küpseta ahjus 165ºC (325ºF, gaas 4) umbes 20-30 minutit, kuni kana on kergelt pruunistunud.

- Serveeri kuumalt piparmündichutneyga

Keema Sofi

(Hakklihaga täidetud eelroad)

12 tagasi

koostisained

250 g / 9 untsi tavalist valget jahu

½ supilusikatäit soola

½ tl küpsetuspulbrit

1 spl selitatud võid

100 ml / 3½ ml vett

2 supilusikatäit rafineeritud taimeõli

2 keskmist sibulat, peeneks hakitud

¾ tl ingveripastat

¾ tl küüslaugupastat

6 rohelist tšillit, peeneks hakitud

1 suur tomat, peeneks hakitud

½ tl kurkumit

½ tl tšillipulbrit

1 spl garam masala

4½ untsi / 125 g külmutatud herneid

4 supilusikatäit jogurtit

2 supilusikatäit vett

50 g koriandri lehti, peeneks hakitud

500 g kana, tükkideks lõigatud

meetod

- Sõeluge jahu, sool ja pärm. Lisa ghee ja vesi. Küpseta taignas. Lase 30 minutit puhata ja küpseta uuesti. Jäta see kõrvale.

- Kuumuta pannil õli. Lisa sibul, ingveripasta, küüslaugupasta ja roheline tšilli. Prae 2 minutit keskmisel kuumusel.

- Lisa tomat, kurkum, tšillipulber, garam masala ja näputäis soola. Sega korralikult läbi ja küpseta regulaarselt segades 5 minutit.

- Lisa herned, jogurt, vesi, koriandrilehed ja jahvatatud kana. Sega hästi. Küpseta 15 minutit, aeg-ajalt segades, kuni segu on kuiv. Jäta see kõrvale.

- Rulli tainas suureks kettaks. Lõika ruudukujuliseks, seejärel lõika ruudust 12 väikest ristkülikut.

- Asetage täidisegu iga ristküliku keskele ja keerake see kokku nagu kommipaber.

- Küpseta 175ºC (350ºF, gaas 4) 10 minutit. Serveeri kuumalt.

muna pakoda

(Preemuna võileib)

20 tagasi

koostisained

3 lahtiklopitud muna

3veerand saiaviilu

4½ untsi / 125 g riivitud Cheddari juustu

1 sibul peeneks hakitud

3 rohelist tšillit, peeneks hakitud

1 spl hakitud koriandri lehti

½ tl jahvatatud musta pipart

½ tl tšillipulbrit

Soola maitse järgi

Rafineeritud taimeõli praadimiseks

meetod

- Sega kõik koostisosad, välja arvatud õli.

- Kuumuta pannil õli. Lisa lusikatäied segu. Prae keskmisel kuumusel kuldpruuniks.

- Nõruta imaval paberil. Serveeri kuumalt.

annus mune

(krepp muna ja riisiga)

12-14 tagasi

koostisained

150 g / 5½ untsi urad dhal*

100 g / 3½ untsi aurutatud riisi

Soola maitse järgi

4 lahtiklopitud muna

Jahvatatud must pipar maitse järgi

25 g/1 unts sibul, peeneks hakitud

2 spl hakitud koriandri lehti

1 spl rafineeritud taimeõli

1 spl võid

meetod

- Leota dhali ja riisi koos 4 tundi. Lisa sool ja jahvata kuni saadakse paks mass. Lase üleöö käärida.

- Määri ja kuumuta lame pann. Määri sellele 2 spl tainast.

- Vala taignale 3 spl muna. Puista peale paprika, sibul ja koriandrilehed. Vala servadele tilk õli ja küpseta 2 minutit. Keera õrnalt ja küpseta veel 2 minutit.

- Korrake sama ülejäänud taigna jaoks. Aseta igale dosale tükike võid ja serveeri kuumalt koos kookospähkli chutneyga.

Khasta Kachori

(vürtsikad praetud läätsevõileivad)

Tehke 12-15

koostisained

200 g/7 untsi besaani*

300 g / 10 untsi tavalist valget jahu

Soola maitse järgi

200 ml / 7 ml vett

2 spl rafineeritud taimeõli pluss praadimiseks

asafoetida ots

225 g/8 untsi mung dhal*, leotada tund aega ja nõrutada

1 tl kurkumit

1 tl jahvatatud koriandrit

4 supilusikatäit apteegitilli seemneid

2-3 hammast

1 spl peeneks hakitud koriandri lehti

3 rohelist tšillit, peeneks hakitud

2,5 cm/1 tolli ingverijuur, peeneks hakitud

1 spl peeneks hakitud piparmündilehti

¼ teelusikatäit tšillipulbrit

1 tl amchoor*

meetod

- Sega besaan, jahu ja näpuotsatäis soola piisava koguse veega, kuni saad kõva taina. Jäta see kõrvale.

- Kuumuta pannil õli. Lisa asafoetida ja küpseta 15 sekundit. Lisa dhal ja küpseta 5 minutit keskmisel kuumusel pidevalt segades.

- Lisa kurkum, jahvatatud koriander, apteegitilli seemned, nelk, koriandri lehed, roheline tšilli, ingver, piparmündilehed, tšillipulber ja amchoor. Sega hästi ja küpseta 10-12 minutit. Jäta see kõrvale.

- Jaga tainas sidrunisuurusteks pallideks. Lamedame need ja avame 12,5 cm läbimõõduga väikesteks ketasteks.

- Aseta iga viilu keskele lusikatäis dhali segu. Sulgege nagu kott ja tasandage see puriks. Jäta see kõrvale.

- Kuumuta pannil õli. Prae puris punniks.

- Serveeri kuumalt rohelise kookospähkli chutneyga

Dhokla pulsi segu

(Aurutatud kana köögiviljaseguga)

20 tagasi

koostisained

4½ untsi / 125 g terveid mungoube*

125 g / 4½ untsi kaala chana*

60 g / 2 untsi Türgi grammi

50 g kuivatatud herneid

75 g uradi ube*

2 tl rohelist tšillit

Soola maitse järgi

meetod

- Leotatud mungoad, kaala chana, türgi gramm ja kuivatatud herned. Leota uradi oad eraldi. Lase mõjuda 6 tundi.

- Jahvatage kõik leotatud koostisosad kokku, kuni saate paksu taigna. Hauta 6 tundi.

- Lisa roheline pipar ja sool. Sega korralikult läbi, vala 20cm ümmargusse koogivormi ja auruta 10 minutit.

- Lõika rombikujuliseks. Serveeri piparmündichutneyga

Frankie

10-12 tagasi

koostisained

1 spl chai masala*

½ tl garam masala

½ tl jahvatatud köömneid

4 suurt kartulit, keedetud ja riivitud

Soola maitse järgi

10-12 pätsi leiba

Rafineeritud taimeõli määrimiseks

2-3 rohelist tšillit peeneks hakituna ja valges äädikas leotatud

2 spl peeneks hakitud koriandri lehti

1 sibul peeneks hakitud

meetod

- Sega omavahel chaat masala, garam masala, jahvatatud köömned, kartulid ja sool. Keeda hästi ja säilita.

- Kuumuta pann ja aseta sellele chapati.

- Pintselda chapatisid tilga õliga ja keera neid ühelt poolt praadima. Korrake sama teise poole jaoks.

- Laota kuumale chapatile ühtlaselt kiht kartulisegu.

- Puista peale veidi rohelist tšillit, koriandrilehti ja sibulat.

- Rulli chapati nii, et kartulisegu sees püsiks.

- Prae võileib pannil kuldpruuniks ja serveeri kuumalt.

suudlused ja juustune rõõm

Tee 25

koostisained

2 muna

250 g riivitud cheddari juustu

1 tl jahvatatud musta pipart

1 spl jahvatatud sinepit

½ tl tšillipulbrit

60 ml / 2 ml untsi rafineeritud taimeõli

Oasegu jaoks:

50 g / 1¾ untsi kaerahelbeid, kuivröstitud

375 g / 13 untsi Besana*

200 g hakitud kapsast

1 spl ingveripastat

1 spl küüslaugupastat

näputäis pärmi

Soola maitse järgi

meetod

- Klopi 1 muna korralikult lahti. Lisa cheddari juust, pipar, jahvatatud sinep ja tšillipulber. Sega korralikult läbi ja lase puhata.

- Sega oasegu koostisained. Tõsta 20 cm ümmargusse koogivormi ja auruta 20 minutit. Kui see on jahtunud, lõika see 25 tükiks ja määri mõlemale muna-juustuseguga.

- Kuumuta pannil õli. Prae tükid keskmisel kuumusel kuldpruuniks. Serveeri kuumalt rohelise kookospähkli chutneyga

tšilli idli

4 inimesele

koostisained

3 supilusikatäit rafineeritud taimeõli

1 spl sinepiseemneid

1 väike sibul, viilutatud

½ tl garam masala

1 spl tomatikastet

4 tükeldatud idlist

Soola maitse järgi

2 spl koriandri lehti

meetod

- Kuumuta pannil õli. Lisa sinepiseemned. Laske neil 15 sekundit keeda.

- Lisa kõik ülejäänud koostisosad peale koriandri lehtede. Sega hästi.

- Keeda keskmisel kuumusel 4-5 minutit, kergelt segades. Kaunista koriandrilehtedega. Serveeri kuumalt.

suupisted spinatiga

10 tagasi

koostisained

2 spl võid

10 neljandikku lõigatud leivaviilu

2 spl selitatud võid

1 sibul peeneks hakitud

300 g / 10 untsi spinatit, peeneks hakitud

Soola maitse järgi

4½ untsi / 125 g kitsejuustu, nõrutatud

4 spl riivitud Cheddari juustu

meetod

- Määri saiaviilude mõlemad pooled võiga ja küpseta eelkuumutatud ahjus 200ºC (gaas 6) 7 minutit. Jäta see kõrvale.

- Kuumuta pannil ghee. Prae sibul kuldpruuniks. Lisa spinat ja sool. Küpseta 5 minutit. Lisa kitsejuust ja sega korralikult läbi.

- Määri spinatisegu röstitud saiatükkidele. Puista peale veidi riivitud Cheddari juustu ja küpseta ahjus 130°C (250°F, gaasimärk ½), kuni juust on sulanud. Serveeri kuumalt.

Paushtik Chaat

(Tervislik suupiste)

4 inimesele

koostisained

3 tl rafineeritud taimeõli

½ tl köömneid

2,5 cm / 1 tolli ingverijuur, purustatud

1 väike keedetud ja riivitud kartul

1 spl garam masala

Soola maitse järgi

Jahvatatud must pipar maitse järgi

250g/9oz mungoad, keedetud

300g/10oz konserveeritud ube

konserveeritud kikerherned 300 g / 10 untsi

¼ untsi / 10 g koriandri lehti, hakitud

1 tl sidrunimahla

meetod

- Kuumuta pannil õli. Lisa köömned. Laske neil 15 sekundit keeda.
- Lisa ingver, kartul, garam masala, sool ja pipar. Prae keskmisel kuumusel 3 minutit. Lisa mungoad, oad ja kikerherned. Küpseta keskmisel kuumusel 8 minutit.
- Kaunista koriandrilehtede ja sidrunimahlaga. Serveeri külmalt.

kapsarull

4 inimesele

koostisained

1 spl tavalist valget jahu

3 supilusikatäit vett

Soola maitse järgi

2 spl rafineeritud taimeõli pluss praadimiseks

1 spl köömneid

3½ untsi / 100 g külmutatud köögivilju

1 supilusikatäis koort

2 spl leiba*

¼ teelusikatäit kurkumit

1 tl tšillipulbrit

1 tl jahvatatud koriandrit

1 tl jahvatatud köömneid

8 suurt kapsalehte, 2-3 minutiks kuumas vees leotatud ja kurnatud

meetod

- Sega jahu, vesi ja sool, kuni moodustub paks mass. Jäta see kõrvale.
- Kuumuta pannil õli. Lisa köömned ja lase neil 15 sekundit mõraneda. Lisa kõik ülejäänud koostisosad peale kapsalehtede. Keeda keskmisel kuumusel 2-3 minutit, regulaarselt segades.
- Valage see segu iga kapsalehe keskele. Voldi lehed kokku ja sulge servad jahupastaga.
- Kuumuta pannil õli. Määri kapsarullid jahupastaga ja prae läbi. Serveeri kuumalt.

tomati leib

4 tagasi

koostisained

1 1/2 supilusikatäit rafineeritud taimeõli

150 g tomatipüreed

3-4 karrilehte

2 rohelist tšillit, peeneks hakitud

Soola maitse järgi

2 suurt kartulit, keedetud ja viilutatud

6 viilu riivsaia

¼ untsi / 10 g koriandri lehti, hakitud

meetod

- Kuumuta pannil õli. Lisa tomatipasta, karrilehed, roheline tšilli ja sool. Küpseta 5 minutit.
- Lisa kartul ja leib. Keeda madalal kuumusel 5 minutit.
- Kaunista koriandrilehtedega. Serveeri kuumalt.

maisi ja juustu lihapallid

Tehke 8-10

koostisained

200 g / 7 untsi suhkrumaisi

250 g riivitud mozzarellat

4 suurt kartulit, keedetud ja riivitud

2 rohelist tšillit, peeneks hakitud

2,5 cm/1 tolli ingverijuur, peeneks hakitud

1 spl hakitud koriandri lehti

1 tl sidrunimahla

50 g riivsaia

Soola maitse järgi

Rafineeritud taimeõli praadimiseks

50 g / 1¾ untsi kaerajahu

meetod

- Sega anumas kõik koostisosad, välja arvatud õli ja manna. Jaga 8-10 palliks.
- Kuumuta pannil õli. Veeretame pallid mannas ja praeme keskmisel kuumusel kuldpruuniks. Serveeri kuumalt.

Chivda maisihelbed

(Razorvõileib maisihelvestega)

Saagis 500 g / 1 nael 2 untsi

koostisained

250 g / 9 untsi maapähkleid

150 g / 5½ untsi chana dhal*

100 g rosinaid

125 g / 4½ untsi india pähkleid

200 g / 7 untsi maisihelbed

60 ml / 2 ml untsi rafineeritud taimeõli

7 rohelist tšillit, viilutatud

25 karrilehte

½ tl kurkumit

2 tl suhkrut

Soola maitse järgi

meetod

- Röstitud maapähklid, chana dhal, rosinad, india pähklid ja maisihelbed kuivatatud krõbedaks. Jäta see kõrvale.
- Kuumuta pannil õli. Lisa rohelised tšillid, karrilehed ja kurkum. Prae keskmisel kuumusel minut.
- Lisa suhkur, sool ja kõik küpsetusained. Prae 2-3 minutit.
- Jahuta ja säilita õhukindlas anumas kuni 8 päeva.

pähklirull

Tee 20-25

koostisained

140 g / 5 untsi tavalist valget jahu

240 ml / 8 ml piima

1 spl võid

Soola maitse järgi

Jahvatatud must pipar maitse järgi

½ supilusikatäit koriandri lehti, peeneks hakitud

3-4 spl riivitud Cheddari juustu

¼ tl jahvatatud muskaatpähklit

4½ untsi/125 g india pähkleid, jämedalt jahvatatud

4½ untsi / 125 g maapähkleid, jämedalt jahvatatud

50 g riivsaia

Rafineeritud taimeõli praadimiseks

meetod

- Sega kastrulis 85 g jahu piimaga. Lisa või ja kuumuta segu pidevalt segades madalal kuumusel, kuni see pakseneb.
- Lisa soola ja pipart. Lase segul 20 minutit jahtuda.
- Lisa koriandrilehed, cheddari juust, muskaatpähkel, india pähklid ja maapähklid. Sega hästi. Jäta see kõrvale.
- Puista pool riivsaiast ahjuplaadile.
- Tõsta teelusikatäis jahusegu riivile ja vormi rullid. Jäta see kõrvale.
- Ülejäänud jahu segage nii palju vett, et tekiks õhuke tainas. Kastame rullid tainasse ja veeretame uuesti riivsaias.
- Kuumuta pannil õli. Prae rullid keskmisel kuumusel kuldpruuniks.
- Serveeri kuumalt tomatikastme või rohelise kookospähkli chutneyga

Kapsarullid hakklihaga

12 tagasi

koostisained

1 spl rafineeritud taimeõli pluss lisa praadimiseks

2 sibulat peeneks hakitud

2 tomatit, peeneks hakitud

½ supilusikatäit ingveripastat

½ tl küüslaugupastat

2 rohelist tšillit, viilutatud

½ tl kurkumit

½ tl tšillipulbrit

¼ tl jahvatatud musta pipart

500 g kana, tükkideks lõigatud

200 g / 7 untsi külmutatud herneid

2 väikest kartulit, tükeldatud

1 suur porgand kuubikuteks lõigatud

Soola maitse järgi

25 g koriandri lehti, peeneks hakitud

12 suurt kapsalehte, keedetud

2 lahtiklopitud muna

100 g / 3½ untsi riivsaia

meetod

- Kuumuta pannil 1 spl õli. Prae sibulad läbipaistvaks.
- Lisa tomatid, ingveripasta, küüslaugupasta, roheline tšilli, kurkum, tšillipulber ja pipar. Sega hästi ja prae 2 minutit keskmisel kuumusel.
- Lisa jahvatatud kana, herned, kartulid, porgandid, sool ja koriandrilehed. Keeda tasasel tulel 20-30 minutit, aeg-ajalt segades. Jahutage segu 20 minutit.
- Vala tükeldatud segu kapsalehele ja keera kokku. Korrake ülejäänud lehtede puhul. Kinnitage rullid hambatikuga.
- Kuumuta pannil õli. Kasta rullid munasse, kata riivsaiaga ja prae kuldpruuniks.
- Nõruta ja serveeri soojalt.

Pav Bhaji

(vürtsjuurviljad leivaga)

4 inimesele

koostisained

2 suurt kartulit, keedetud

200 g külmutatud köögivilju (roheline paprika, porgand, lillkapsas ja herned)

2 spl võid

1 1/2 supilusikatäit küüslaugupastat

2 suurt sibulat, hakitud

4 suurt tomatit, tükeldatud

250 ml / 8 ml vett

2 teelusikatäit pav bhaji masala*

1 1/2 teelusikatäit tšillipulbrit

¼ teelusikatäit kurkumit

1 sidruni mahl

Soola maitse järgi

1 spl hakitud koriandri lehti

Või praadimiseks

4 hamburgeri kuklit, pooleks lõigatud

1 suur sibul, peeneks hakitud

väikesed sidruni viilud

meetod

- Haki köögiviljad peeneks. Jäta see kõrvale.
- Kuumuta pannil või. Lisa küüslaugupasta ja sibul ning prae, kuni sibulad muutuvad kuldpruuniks. Lisa tomatid ja küpseta aeg-ajalt segades keskmisel kuumusel 10 minutit.
- Lisa köögiviljapüree, vesi, pav bhaji masala, tšillipulber, kurkum, sidrunimahl ja sool. Keeda tasasel tulel, kuni kaste on paks. Sega ja küpseta pidevalt segades 3-4 minutit. Puista peale koriandrilehed ja sega korralikult läbi. Jäta see kõrvale.
- Kuumuta lame pann. Määri veidi võid ja grilli hamburgeri kuklid mõlemalt poolt krõbedaks.
- Serveeri köögiviljasegu kuumalt võileivale, kõrvale sibula ja sidruniviiludega.

sojakotlet

10 tagasi

koostisained

300g/10oz mung dhal*, leotada 4 tundi

Soola maitse järgi

400 g sojaube 15 minutiks kuumas vees leotatud

1 suur sibul, peeneks hakitud

2-3 rohelist tšillit, peeneks hakitud

1 tl amchoor*

1 spl garam masala

2 spl hakitud koriandri lehti

150 g leiba*või tofu, tükeldatud

Rafineeritud taimeõli praadimiseks

meetod

- Ärge tühjendage dhali. Lisa sool ja küpseta pannil keskmisel kuumusel 40 minutit. Jäta see kõrvale.
- Nõruta sojaoad. Sega dhaliga ja sega kuni saad paksu pasta.

- Sega see pasta mittenakkuval pannil kõigi ülejäänud koostisosadega, välja arvatud õli. Keeda tasasel tulel kuivaks.
- Jaga segu sidrunisuurusteks pallideks ja vormi lihapallid.
- Kuumuta pannil õli. Prae kotatasid kuldpruuniks.
- Serveeri kuumalt piparmündichutneyga

Osta maisi

(vürtsikas maisi suupiste)

4 inimesele

koostisained

200 g / 7 untsi keedetud maisiterad

100 g / 3½ untsi hakitud sibulat, peeneks hakitud

1 keedetud kartul, kooritud ja tükeldatud

1 peeneks hakitud tomat

1 kurk peeneks hakitud

¼ untsi / 10 g koriandri lehti, hakitud

1 spl chai masala*

2 tl sidrunimahla

1 spl vürtsikat piparmündikastet

Soola maitse järgi

meetod

- Sega kõik koostisosad kausis läbi, et need hästi seguneksid.
- Serveeri kohe.

Methi podagra

(Praetud lambaläätse võileib)

20 tagasi

koostisained

Suudlused 500 g / 1 nael 2 untsi*

1½ untsi / 45 g täisterajahu

125 g / 4½ untsi jogurtit

4 spl rafineeritud taimeõli pluss lisa praadimiseks

2 teelusikatäit pärmi

50 g värskeid lambaläätse lehti, peeneks hakitud

50 g koriandri lehti, peeneks hakitud

1 küps banaan, kooritud ja riivitud

1 spl koriandri seemneid

10-15 tera musta pipart

2 rohelist tšillit

½ tl ingveripastat

½ tl garam masala

asafoetida ots

1 tl tšillipulbrit

Soola maitse järgi

meetod

- Sega besan, jahu ja jogurt.
- Lisa 2 spl õli ja pärm. Lase mõjuda 2-3 tundi.
- Lisa kõik ülejäänud koostisosad peale õli. Sega hästi paksuks taignaks.
- Kuumuta 2 spl õli ja lisa need tainale. Sega hästi ja jäta 5 minutiks.
- Kuumuta pannil ülejäänud õli. Kasta väikesed lusikatäied tainast õlisse ja prae kuldpruuniks.
- Nõruta imaval paberil. Serveeri kuumalt.

idli

(aurutatud riisikook)

4 inimesele

koostisained

500 g riisi, leotatud üleöö

300 g / 10 untsi urad dhal*, leotab öösel

1 supilusikatäis soola

näputäis pärmi

Rafineeritud taimeõli määrimiseks

meetod

- Nõruta riis ja dhal ning püreesta need.
- Lisa sool ja pärm. Lase 8-9 tundi käärida.
- Määri koogivooderdised võiga. Valage riisi ja dali segu nii, et kumbki oleks pooltäis. Küpseta auruga 10-12 minutit.
- Võtke idlis välja. Serveeri kuumalt kookoschutneyga.

Idli Plus

(Aurutatud riisikook vürtsidega)

6 eest

koostisained

500 g riisi, leotatud üleöö

300 g / 10 untsi urad dhal*, leotab öösel

1 supilusikatäis soola

¼ teelusikatäit kurkumit

1 spl tuhksuhkrut

Soola maitse järgi

1 spl rafineeritud taimeõli

½ tl köömneid

½ tl sinepiseemneid

meetod

- Nõruta riis ja dhal ning püreesta need.
- Lisage soola ja laske 8-9 tundi tõmmata.
- Lisa kurkum, suhkur ja sool. Sega korralikult läbi ja lase puhata.
- Kuumuta pannil õli. Lisa köömned ja sinepiseemned. Laske neil 15 sekundit keeda.
- Lisa riisi ja dhali segu. Kata kaanega ja küpseta 10 minutit.
- Avage ja keerake segu ümber. Katke uuesti ja laske 5 minutit keeda.
- Torka idli kahvliga läbi. Kui kahvel tuleb puhtana välja, on idli valmis.
- Lõika tükkideks ja serveeri kuumalt koos kookospähkli chutneyga.

masala kuklid

Tee 6

koostisained

2 tl rafineeritud taimeõli

1 väike sibul, peeneks hakitud

¼ teelusikatäit kurkumit

1 suur tomat, peeneks hakitud

1 suur kartul, keedetud ja riivitud

1 spl keedetud herned

1 spl chai masala*

Soola maitse järgi

¼ untsi / 10 g koriandri lehti, hakitud

50 g võid

12 viilu leiba

meetod

- Kuumuta pannil õli. Lisa sibul ja küpseta läbipaistvaks.
- Lisa kurkum ja tomat. Prae keskmisel kuumusel 2-3 minutit.
- Lisa kartulid, herned, chaat masala, sool ja koriandrilehed. Segage hästi ja keetke minut madalal kuumusel. Jäta see kõrvale.
- Määri saiaviilud võiga. Laota köögiviljasegu kuuele viilule. Kata ülejäänud viiludega ja grilli 10 minutit. Pöörake ja grillige uuesti 5 minutit. Serveeri kuumalt.

Mündi kebab

Tee 8

koostisained

¼ untsi / 10 g piparmündilehti, peeneks hakitud

500g kitsejuustu, nõrutatud

2 tl maisijahu

10 india pähklit, hakitud

½ tl jahvatatud musta pipart

1 tl amchoor*

Soola maitse järgi

Rafineeritud taimeõli praadimiseks

meetod

- Sega kõik koostisosad, välja arvatud õli. Sõtku, kuni saad pehme, kuid tugeva taigna. Jagage see 8 sidruni suuruseks palliks ja lapitage need.
- Kuumuta pannil õli. Prae vardasid keskmisel kuumusel kuldpruuniks.
- Serveeri kuumalt piparmündichutneyga

Taimne Sevia Upma

(Vermicelli võileib köögiviljadega)

4 inimesele

koostisained

5 supilusikatäit rafineeritud taimeõli

1 suur roheline paprika, peeneks hakitud

¼ tl sinepiseemneid

2 rohelist tšillit, lõigatud pikuti

200 g/7 untsi nuudlid

8 karrilehte

Soola maitse järgi

asafoetida ots

50 g rohelisi ube, peeneks hakitud

1 porgand, peeneks riivitud

50 g külmutatud herneid

1 suur sibul, peeneks hakitud

25 g koriandri lehti, peeneks hakitud

1 sidruni mahl (valikuline)

meetod

- Kuumuta pannil 2 spl õli. Prae rohelist pipart 2-3 minutit. Jäta see kõrvale.
- Kuumuta teisel pannil 2 spl õli. Lisa sinepiseemned. Laske neil 15 sekundit keeda.
- Lisa roheline tšilli ja nuudlid. Prae 1-2 minutit keskmisel kuumusel aeg-ajalt segades. Lisa karrilehed, sool ja asafoetida.
- Vala peale veidi vett ja lisa praetud roheline pipar, oad, porgand, herned ja sibul. Sega hästi ja küpseta keskmisel kuumusel 3-4 minutit.
- Kata kaanega ja küpseta veel minut.
- Puista peale koriandrilehti ja sidrunimahla. Serveeri kuumalt kookoschutneyga.

omandada

(suupiste paisutatud riisiga)

Serveerib 4-6

koostisained

2 suurt kartulit, keedetud ja kuubikuteks lõigatud

2 suurt sibulat, peeneks hakitud

4½ untsi / 125 g röstitud maapähkleid

2 spl jahvatatud köömneid, kuivröstitud

Bhel Blend 300g / 10oz

Magus ja vürtsikas mangochutney 250g / 9oz

60g / 2oz Mint Chutney

Soola maitse järgi

25 g / veidi alla 1 untsi koriandri lehti, hakitud

meetod

- Sega kartulid, sibulad, maapähklid ja jahvatatud köömned Bhel Mixiga. Lisa chutney ja sool. Sega segamiseks.
- Aseta peale koriandrilehed. Serveeri kohe.

sabudana khichdi

(Saago võileib kartulite ja maapähklitega)

6 eest

koostisained

300g/10oz saago

250 ml / 8 ml vett

250 g / 9 untsi maapähkleid, jämedalt jahvatatud

Soola maitse järgi

2 tl tuhksuhkrut

25 g / veidi alla 1 untsi koriandri lehti, hakitud

2 supilusikatäit rafineeritud taimeõli

1 spl köömneid

5-6 rohelist tšillit, peeneks hakitud

100 g kartulit, keedetud ja tükeldatud

meetod

- Leota saagot üleöö vees. Lisa maapähklid, sool, tuhksuhkur ja koriandrilehed ning sega korralikult läbi. Jäta see kõrvale.
- Kuumuta pannil õli. Lisa köömned ja roheline tšilli. Prae umbes 30 sekundit.
- Lisa kartulid ja prae neid 1-2 minutit keskmisel kuumusel.
- Lisa saagosegu. Sega ja sega hästi.
- Kata kaanega ja küpseta 2-3 minutit. Serveeri kuumalt.

tavaline dhokla

(Lihtne aurutatud kook)

Tee 25

koostisained

250g/9oz chana dhal*, leota üleöö ja nõruta

2 rohelist tšillit

1 spl ingveripastat

asafoetida ots

½ tl söögisoodat

Soola maitse järgi

2 supilusikatäit rafineeritud taimeõli

½ tl sinepiseemneid

4-5 karrilehte

4 spl riivitud värsket kookospähklit

¼ untsi / 10 g koriandri lehti, hakitud

meetod
- Jahvata dhal paksuks pastaks. Lase 6-8 tundi käärida.
- Lisa roheline tšilli, ingveripasta, asafoetida, pärm, sool, 1 spl õli ja veidi vett. Sega hästi.
- Määri 20cm ümmargune koogivorm ja täida seguga.
- Küpseta auruga 10-12 minutit. Jäta see kõrvale.
- Kuumuta pannil ülejäänud õli. Lisa sinepiseemned ja karrilehed. Laske neil 15 sekundit keeda.
- Valage see dhoklastele. Kaunista kookose- ja koriandrilehtedega. Lõika tükkideks ja serveeri kuumalt.

Khaldi kartulid

4 inimesele

koostisained

2 tl rafineeritud taimeõli

1 spl köömneid

1 roheline tšilli, hakitud

½ tl musta soola

1 tl amchoor*

1 tl jahvatatud koriandrit

4 suurt kartulit, keedetud ja kuubikuteks lõigatud

2 spl hakitud koriandri lehti

meetod

- Kuumuta pannil õli. Lisa köömned ja lase neil 15 sekundit mõraneda.
- Lisa kõik ülejäänud koostisosad. Sega hästi. Keeda madalal kuumusel 3-4 minutit. Serveeri kuumalt.

oranž dhokla

(aurutatud apelsinikook)

Tee 25

koostisained

50 g / 1¾ untsi kaerajahu

250 g/9 untsi besaani*

250 ml / 8 ml hapukoort

Soola maitse järgi

100 ml / 3½ ml vett

4 küüslauguküünt

1 cm / ½ tolli ingverijuur

3-4 rohelist tšillit

100 g / 3½ untsi riivitud porgandit

¾ teelusikatäit söögisoodat

¼ teelusikatäit kurkumit

Rafineeritud taimeõli määrimiseks

1 spl sinepiseemneid

10-12 karrilehte

50 g riivitud kookospähklit

25 g koriandri lehti, peeneks hakitud

meetod

- Sega kaerahelbed, besan, jogurt, sool ja vesi. Lase üleöö käärida.
- Haki küüslauk, ingver ja tšilli koos.
- Lisa juuretisele koos porgandi, soodavesinikkarbonaadi ja kurkumiga. Sega hästi.
- Määri 20 cm ümmargune koogivorm tilga õliga. Vala segu sisse. Küpseta auruga umbes 20 minutit. Lase jahtuda ja lõika tükkideks.
- Kuumuta pannil veidi õli. Lisa sinepiseemned ja karrilehed. Prae neid 30 sekundit. Vala see doklitükkidele.
- Kaunista kookose- ja koriandrilehtedega. Serveeri kuumalt.

kapsas muthia

(Aurutatud kapsa tükid)

4 inimesele

koostisained

250g/9oz täisterajahu

100 g / 3½ untsi hakitud kapsast

½ tl ingveripastat

½ tl küüslaugupastat

Soola maitse järgi

2 tl suhkrut

1 spl sidrunimahla

2 supilusikatäit rafineeritud taimeõli

1 spl sinepiseemneid

1 spl hakitud koriandri lehti

meetod

- Sega omavahel jahu, kapsas, ingveripasta, küüslaugupasta, sool, suhkur, sidrunimahl ja 1 spl õli. Sõtku, kuni saad ühtlase taigna.
- Kasuta tainast 2 pika rulli tegemiseks. Küpseta auruga 15 minutit. Lase jahtuda ja lõika viiludeks. Jäta see kõrvale.
- Kuumuta pannil ülejäänud õli. Lisa sinepiseemned. Laske neil 15 sekundit keeda.
- Lisa viilutatud kimbud ja prae keskmisel kuumusel kuldpruuniks. Kaunista koriandrilehtedega ja serveeri kuumalt.

rava dhokla

(Aurutatud tatrapuder)

Tee 15-18

koostisained

200 g/7 untsi kaerahelbed

240 ml / 8 ml hapukoort

2 tl rohelist tšillit

Soola maitse järgi

1 tl punase tšilli pulbrit

1 tl jahvatatud musta pipart

meetod

- Sega omavahel kaerahelbed ja koor. Käärita 5-6 tundi.
- Lisa roheline pipar ja sool. Sega hästi.
- Vala manna segu 20cm ümmargusse koogivormi. Puista peale tšillipulber ja pipar. Küpseta auruga 10 minutit.
- Lõika tükkideks ja serveeri kuumalt koos piparmündiga.

Chapatti Upma

(kiire suupiste chapatiga)

4 inimesele

koostisained

6 ülejäänud chapatit lõigatakse väikesteks tükkideks

2 supilusikatäit rafineeritud taimeõli

¼ tl sinepiseemneid

10-12 karrilehte

1 keskmine sibul, hakitud

2-3 rohelist tšillit, peeneks hakitud

¼ teelusikatäit kurkumit

1 sidruni mahl

1 tl suhkrut

Soola maitse järgi

¼ untsi / 10 g koriandri lehti, hakitud

meetod

- Kuumuta pannil õli. Lisa sinepiseemned. Laske neil 15 sekundit keeda.
- Lisa karrilehed, sibul, tšilli ja kurkum. Prae keskmisel kuumusel, kuni sibul muutub helepruuniks. Lisage chapatis.
- Piserdage sidrunimahla, suhkru ja soolaga. Sega hästi ja küpseta keskmisel kuumusel 5 minutit. Kaunista koriandrilehtedega ja serveeri kuumalt.

Dhokla on kadunud

(aurutatud mungoa kook)

umbes 20 aastat tagasi

koostisained

250g/9oz mung dhal*, leotada 2 tundi

150 ml / 5 ml hapukoort

2 supilusikatäit vett

Soola maitse järgi

2 riivitud porgandit või 25 g/1 untsi hakitud kapsast

meetod

- Kurna dhal ja riivi see.
- Lisa jogurt ja vesi ning jäta 6 tunniks seisma. Lisa sool ja sega hästi, kuni saad taigna.
- Määri 20cm ümmargune koogivorm ja vala segu sinna. Puista peale porgandit või kapsast. Küpseta auruga 7-10 minutit.
- Lõika tükkideks ja serveeri piparmündiga

Tükeldasin Mughlai liha

(lihakotletid)

12 tagasi

koostisained

1 spl ingveripastat

1 spl küüslaugupastat

Soola maitse järgi

500 g kondita lambaliha, hakitud

240 ml / 8 ml vett

1 spl jahvatatud köömneid

¼ teelusikatäit kurkumit

Rafineeritud taimeõli praadimiseks

2 lahtiklopitud muna

50 g riivsaia

meetod

- Sega ingveripasta, küüslaugupasta ja sool. Marineeri lambaliha selle seguga 2 tundi.
- Keeda lambaliha potis veega keskmisel kuumusel pehmeks. Reserveerige puljong ja reserveerige lambaliha.
- Lisa puljongile köömned ja kurkum. Sega hästi.
- Vala puljong pannile ja keeda tasasel tulel, kuni vesi on aurustunud. Marineeri lambaliha selle seguga uuesti 30 minutit.
- Kuumuta pannil õli. Kasta iga lambalihatükk lahtiklopitud munasse, veereta riivsaias ja prae kuldpruuniks. Serveeri kuumalt.

Masala Vada

(Vürtsikas praetud pelmeen)

Tee 15

koostisained

300g/10oz chana dhal*, leota 500ml/16ml vees 3-4 tundi

50 g peeneks hakitud sibulat

25 g / veidi alla 1 untsi koriandri lehti, hakitud

25 g / veidi alla 1 untsi rohelist apteegitilli, peeneks hakitud

½ tl köömneid

Soola maitse järgi

3 spl rafineeritud taimeõli pluss lisa praadimiseks

meetod

- Jahvata daal jämedalt. Sega kõik koostisosad, välja arvatud õli.
- Lisa dhali segule 3 spl õli. Valmistage ümaraid ja lamedaid burgereid.
- Kuumuta pannil ülejäänud õli. Prae burgerid. Serveeri kuumalt.

kuradi chivda

(Võileib kapsa ja pekstud riisiga)

4 inimesele

koostisained

100 g kapsast, peeneks hakitud

Soola maitse järgi

3 supilusikatäit rafineeritud taimeõli

125 g / 4½ untsi maapähkleid

150 g / 5½ untsi chana dhal*, praad

1 spl sinepiseemneid

asafoetida ots

200 g / 7 untsi poha*, vees leotatud

1 spl ingveripastat

4 teelusikatäit suhkrut

1 ja pool supilusikatäit sidrunimahla

25 g / veidi alla 1 untsi koriandri lehti, hakitud

meetod

- Sega kapsas soolaga ja lase 10 minutit seista.
- Kuumuta pannil 1 spl õli. Prae maapähkleid ja chana dhali 2 minutit keskmisel kuumusel. Kurnata ja varuda.
- Kuumuta pannil ülejäänud õli. Prae sinepiseemneid, asafoetida ja kapsast 2 minutit. Piserdage vähese veega, katke kaanega ja keetke tasasel tulel 5 minutit. Lisa poha, ingveripasta, suhkur, sidrunimahl ja sool. Sega hästi ja keeda 10 minutit.
- Kaunista koriandrilehtede, praetud maapähklite ja dhaliga. Serveeri kuumalt.

Besan Bhajji leib

(Võileib saia ja kikerhernejahuga)

32 tagasi

koostisained

175 g/6 untsi besaani*

1250 ml/5 ml vees

½ tl Iowani seemneid

Soola maitse järgi

Rafineeritud taimeõli praadimiseks

8 viilu leiba, pooleks lõigatud

meetod

- Tehke paks pasta, segades besani veega. Lisa ajovani seemned ja sool. Löö hästi.
- Kuumuta pannil õli. Kasta saiatükid taignasse ja prae kuldpruuniks. Serveeri kuumalt.

Methi Seekh Kebab

(mündipasta lambaläätse lehtedega)

Tehke 8-10

koostisained

100 g / 3½ untsi lambaläätse lehti, tükeldatud

3 suurt kartulit, keedetud ja riivitud

1 spl ingveripastat

1 spl küüslaugupastat

4 rohelist tšillit, peeneks hakitud

1 tl jahvatatud köömneid

1 tl jahvatatud koriandrit

½ tl garam masala

Soola maitse järgi

2 spl riivsaia

Rafineeritud taimeõli tilgutamiseks

meetod

- Sega kõik koostisosad, välja arvatud õli. Vormi burgerid.
- Torka ja grilli söegrillil, nirista peale õli ja keera aeg-ajalt. Serveeri kuumalt.

Jinga Hariyali

(rohelised krevetid)

20 tagasi

koostisained

Soola maitse järgi

1 sidruni mahl

20 krevetti, kooritud ja sabad eemaldatud (sabad alles jätta)

75 g piparmündilehti, peeneks hakitud

75 g / 2½ untsi koriandri lehti, tükeldatud

1 spl ingveripastat

1 spl küüslaugupastat

Näputäis garam masalat

1 spl rafineeritud taimeõli

1 väike sibul, viilutatud

meetod

- Hõõru krevettidele soola ja sidrunimahla. Laske 20 minutit puhata.
- Jahvata 50g piparmündilehti, 50g koriandrilehti, ingveripastat, küüslaugupastat ja garam masalat.
- Lisa need krevettidele ja lase 30 minutit puhata. Vala peale õli.
- Torgake krevetid ja prae neid söegrillil, aeg-ajalt keerates.
- Kaunista ülejäänud koriandri, piparmündilehtede ja hakitud sibulaga. Serveeri kuumalt.

methi adai

(Fenugree pannkoogid)

20-22 tagasi

koostisained

100 g / 3½ untsi riisi

100 g / 3½ untsi urad dhal*

100 g / 3½ untsi mung dhal*

100 g / 3½ untsi chana dhal*

100 g / 3½ untsi masoor dhali*

asafoetida ots

6-7 karrilehte

Soola maitse järgi

50 g värskeid lambaläätse lehti, hakitud

Rafineeritud taimeõli määrimiseks

meetod

- Leota riisi ja dhali koos 3-4 tundi.
- Nõruta riis ja dhal ning lisa asafoetida, karrilehed ja sool. Jahvata jämedalt ja lase 7 tundi käärida. Lisa lambaläätse lehed.
- Määri küpsetusplaat rasvaga ja kuumuta. Lisa lusikatäis käärinud segu ja määri pannkoogile. Vala servadele tilk õli ja küpseta keskmisel kuumusel 3-4 minutit. Pöörake ja küpseta veel 2 minutit.
- Korrake sama ülejäänud taigna jaoks. Serveeri kuumalt kookoschutneyga.

herne chaat

4 inimesele

koostisained

2 tl rafineeritud taimeõli

½ tl köömneid

300g/10oz konservherneid

½ tl amchoor*

¼ teelusikatäit kurkumit

¼ teelusikatäit garam masala

1 tl sidrunimahla

Ingveri juur 5 cm pikk, kooritud ja lõigatud juulis

meetod

- Kuumuta pannil õli. Lisa köömned ja lase neil 15 sekundit mõraneda. Lisa herned, amchoor, kurkum ja garam masala. Sega hästi ja küpseta 2-3 minutit, aeg-ajalt segades.
- Kaunista sidrunimahla ja ingveriga. Serveeri kuumalt.

Shingada

(Bengali maitse)

Tehke 8-10

koostisained

2 spl rafineeritud taimeõli pluss lisa praadimiseks

1 spl köömneid

200 g / 7 untsi keedetud herneid

2 keedetud ja riivitud kartulit

1 tl jahvatatud koriandrit

Soola maitse järgi

Saiakeste jaoks:

350 g / 12 untsi tavalist valget jahu

¼ teelusikatäit soola

Veidi vett

meetod

- Kuumuta pannil 2 spl õli. Lisa köömned. Laske neil 15 sekundit keeda. Lisa herned, kartulid, jahvatatud koriander ja sool. Sega korralikult läbi ja prae keskmisel kuumusel 5 minutit. Jäta see kõrvale.
- Valmistage koogi koostisosadest pastakäbid, nagu Papa Samosa retseptis. Täida käbid köögiviljaseguga ja sule.
- Kuumuta pannil ülejäänud õli. Prae käbid keskmisel kuumusel kuldpruuniks. Serveeri kuumalt piparmündichutneyga

Sibula bhajia

(sibul)

20 tagasi

koostisained

250 g/9 untsi besaani*

4 suurt sibulat, õhukeselt viilutatud

Soola maitse järgi

½ tl kurkumit

150 ml / 5 ml vett

Rafineeritud taimeõli praadimiseks

meetod

- Sega besan, sibul, sool ja kurkum. Lisa vesi ja sega korralikult läbi.
- Kuumuta pannil õli. Lisa lusikate kaupa segu ja prae kuldpruuniks. Nõruta imaval paberil ja serveeri soojalt.

bagani munk

(Kana kašupähklipastas)

12 tagasi

koostisained

500 g kondita kana, tükeldatud

1 väike sibul, viilutatud

1 viiludeks lõigatud tomat

1 viilutatud kurk

1 spl ingveripastat

1 spl küüslaugupastat

2 rohelist tšillit, peeneks hakitud

10 g piparmündi lehti, tükeldatud

10 g jahvatatud koriandri lehti

Soola maitse järgi

Marinaadi jaoks:

6-7 india pähklit vähendatakse pastaks

2 supilusikatäit koort

meetod

- Sega marinaadi ained omavahel. Marineerige kana selle seguga 4-5 tundi.
- Torgake läbi ja küpsetage söegrillil, aeg-ajalt keerates.
- Kaunista sibula, tomati ja kurgiga. Serveeri kuumalt.

kartuli tikki

(kartulipirukad)

12 tagasi

koostisained

4 suurt kartulit, keedetud ja riivitud

1 spl ingveripastat

1 spl küüslaugupastat

1 sidruni mahl

1 suur sibul, peeneks hakitud

25 g / veidi alla 1 untsi koriandri lehti, hakitud

¼ teelusikatäit tšillipulbrit

Soola maitse järgi

2 spl riisijahu

3 supilusikatäit rafineeritud taimeõli

meetod

- Sega kartulid ingveripasta, küüslaugupasta, sidrunimahla, sibula, koriandrilehtede, tšillipulbri ja soolaga. Küpseta hästi. Vormi burgerid.
- Puista burgerid üle riisijahuga.
- Kuumuta pannil õli. Prae burgerid keskmisel kuumusel kuldpruuniks. Nõruta ja serveeri kuumalt koos piparmündiga.

Mine maguskartuli juurde

(Taignas praetud kuklid)

12-14 tagasi

koostisained

1 spl rafineeritud taimeõli pluss lisa praadimiseks

½ tl sinepiseemneid

½ tl urad dhali*

½ tl kurkumit

5 keedetud ja riivitud kartulit

Soola maitse järgi

1 sidruni mahl

250 g/9 untsi besaani*

asafoetida ots

120 ml / 4 ml vett

meetod

- Kuumuta pannil 1 tl õli. Lisa sinepiseemned, urad dhal ja kurkum. Laske neil 15 sekundit keeda.
- Vala see kartulitele. Lisa ka sool ja sidrunimahl. Sega hästi.
- Jaga kartulisegu kreeka pähkli suurusteks pallideks. Jäta see kõrvale.
- Segage besan, asafoetida, sool ja vesi, et moodustada pasta.
- Kuumuta pannil ülejäänud õli. Kasta kartulipallid taignasse ja prae kuldpruuniks. Nõruta ja serveeri piparmündiga.

Mini kana kebab

Tee 8

koostisained

350g/12oz kana, tükeldatud

125 g besaani*

1 suur sibul, peeneks hakitud

½ tl ingveripastat

½ tl küüslaugupastat

1 tl sidrunimahla

¼ tl jahvatatud rohelist kardemoni

1 spl hakitud koriandri lehti

Soola maitse järgi

1 supilusikatäis seesamiseemneid

meetod

- Sega kõik koostisosad, välja arvatud seesamiseemned.
- Jagage segu väikesteks pallideks ja puistake need seesamiseemnetega.
- Küpseta 190ºC (375ºF, gaasimärk 5) 25 minutit. Serveeri kuumalt piparmündichutneyga.

riisi merikeel läätsedega

12 tagasi

koostisained

2 spl rafineeritud taimeõli pluss lisa praadimiseks

2 väikest sibulat, peeneks hakitud

2 porgandit peeneks hakitud

600 g / 1 nael 5oz masoor dhal*

500 ml / 16 ml vett

2 spl jahvatatud koriandrit

Soola maitse järgi

25 g / veidi alla 1 untsi koriandri lehti, hakitud

100 g / 3½ untsi riivsaia

2 spl tavalist valget jahu

1 lahtiklopitud muna

meetod

- Kuumuta pannil 1 spl õli. Lisa sibul ja porgand ning prae keskmisel kuumusel regulaarselt segades 2-3 minutit. Lisa masoor dhal, vesi, jahvatatud koriander ja sool. Keeda segades tasasel tulel 30 minutit.
- Lisa koriandrilehed ja pool riivjuustust. Sega hästi.
- Sellel on salaami kuju ja see on kaetud jahuga. Kasta kroketid lahtiklopitud munasse ja määri ülejäänud riivsaiaga. Jäta see kõrvale.
- Kuumuta ülejäänud õli. Prae kroketid üks kord keerates kuldpruuniks. Serveeri kuumalt rohelise kookospähkli chutneyga.

toitev poha

4 inimesele

koostisained

1 spl rafineeritud taimeõli

125 g / 4½ untsi maapähkleid

1 sibul peeneks hakitud

¼ teelusikatäit kurkumit

Soola maitse järgi

1 keedetud ja tükeldatud kartul

200 g / 7 untsi poha*, leotada 5 minutit ja nõrutada

1 tl sidrunimahla

1 spl hakitud koriandri lehti

meetod

- Kuumuta pannil õli. Prae maapähkleid, sibulat, kurkumit ja soola keskmisel kuumusel 2-3 minutit.
- Lisa kartulid ja poha. Prae madalal kuumusel ühtlaseks.
- Kaunista sidrunimahla ja koriandrilehtedega. Serveeri kuumalt.

Ühised palved

(oad vürtsikas kastmes)

4 inimesele

koostisained

300g/10oz masoor dhal*, leotage 20 minutit kuumas vees

¼ teelusikatäit kurkumit

Soola maitse järgi

50 g rohelisi ube, peeneks hakitud

240 ml / 8 ml vett

1 spl rafineeritud taimeõli

¼ tl sinepiseemneid

mõned karrilehed

Soola maitse järgi

meetod

- Sega dhal, kurkum ja sool. Jahvatage, kuni saate paksu pasta.
- Küpseta auruga 20-25 minutit. Lase 20 minutit jahtuda. Püreesta segu näppudega. Jäta see kõrvale.
- Keeda rohelised oad vees ja väheses soolas potis keskmisel kuumusel pehmeks. Jäta see kõrvale.
- Kuumuta pannil õli. Lisa sinepiseemned. Laske neil 15 sekundit keeda. Lisa karrilehed ja tükeldatud dhal.
- Prae umbes 3-4 minutit keskmisel kuumusel, kuni see on pehmenenud. Lisa keedetud oad ja sega korralikult läbi. Serveeri kuumalt.

Leib Chutney Pakoda

4 inimesele

koostisained

250 g/9 untsi besaani*

150 ml / 5 ml vett

½ tl Iowani seemneid

4½ untsi / 125 g kuuma piparmündikastet

12 viilu leiba

Rafineeritud taimeõli praadimiseks

meetod

- Sega besan veega, et saada pannkoogisegu konsistents. Lisa ajovani seemned ja klopi kergelt läbi. Jäta see kõrvale.
- Määri piparmündichutney saiaviilule ja aseta peale teine. Korrake sama kõigi leivaviilude puhul. Lõika need diagonaalselt pooleks.
- Kuumuta pannil õli. Kasta rullid taignasse ja prae neid keskmisel kuumusel kuldpruuniks. Serveeri kuumalt koos tomatikastmega.

Methi Khakra Delight

(lambaläätse suupiste)

Tee 16

koostisained

50 g värskeid lambaläätse lehti, peeneks hakitud

300g/10oz täisterajahu

1 tl tšillipulbrit

¼ teelusikatäit kurkumit

½ tl jahvatatud koriandrit

1 spl rafineeritud taimeõli

Soola maitse järgi

120 ml / 4 ml vett

meetod

- Sega kõik koostisained omavahel. Sõtku, kuni saad pehme, kuid tugeva taigna.
- Jaga tainas 16 sidruni suuruseks palliks. Lõika väga õhukesteks viiludeks.
- Kuumuta lame pann. Aseta viilud tasasele pannile ja küpseta krõbedaks. Korrake sama teise poole jaoks. Hoida õhukindlas anumas.

lõika roheliseks

12 tagasi

koostisained

200 g / 7 untsi spinatit, peeneks hakitud

4 keedetud ja riivitud kartulit

200 g/7 untsi mung dhal*, keedetud ja hakitud

25 g / veidi alla 1 untsi koriandri lehti, hakitud

2 rohelist tšillit, peeneks hakitud

1 spl garam masala

1 suur sibul, peeneks hakitud

Soola maitse järgi

1 spl küüslaugupastat

1 spl ingveripastat

Rafineeritud taimeõli praadimiseks

250 g / 9 untsi riivsaia

meetod

- Lisa spinat ja kartul. Lisa mung dhal, koriandri lehed, roheline tšilli, garam masala, sibul, sool, küüslaugupasta ja ingveripasta. Küpseta hästi.
- Jaga segu kreeka pähkli suurusteks tükkideks ja vormi lihapallid.
- Kuumuta pannil õli. Määri kotletid riivsaiaga ja prae kuldpruuniks. Serveeri kuumalt.

Handvo

(soolane kaerahelbekook)

4 inimesele

koostisained

100 g / 3½ untsi kaerajahu

125 g besaani*

200 g / 7 untsi jogurtit

25g/1oz pudel kõrvitsa lahja, tükeldatud

1 riivitud porgand

25 g / väikesed herned 1 unts

½ tl kurkumit

½ tl tšillipulbrit

½ tl ingveripastat

½ tl küüslaugupastat

1 roheline tšilli, peeneks hakitud

Soola maitse järgi

asafoetida ots

½ tl söögisoodat

4 supilusikatäit rafineeritud taimeõli

¾ tl sinepiseemneid

½ tl seesamiseemneid

meetod

- Sega pannil kaerahelbed, besan ja jogurt. Lisa riivitud kõrvits, porgand ja herned.
- Taigna valmistamiseks lisage kurkum, tšillipulber, ingveripasta, küüslaugupasta, roheline tšilli, sool ja asafoetida. See peaks olema pirukakooriku konsistentsiga. Kui ei, lisa paar supilusikatäit vett.
- Lisage söögisoodat ja segage hästi. Jäta see kõrvale.
- Kuumuta pannil õli. Lisa sinep ja seesamiseemned. Laske neil 15 sekundit keeda.
- Vala segu pannile. Kata kaanega ja keeda tasasel tulel 10-12 minutit.
- Avage ja keerake tainas ettevaatlikult spaatliga. Katke uuesti ja laske veel 15 minutit keeda.
- Küpsuse kontrollimiseks torgake kahvliga. Kui see keeb, tuleb kahvel puhtana välja. Serveeri kuumalt.

Ghugra

(maitsvad taimsed poolkuud)

4 inimesele

koostisained

5 spl rafineeritud taimeõli pluss lisa praadimiseks

asafoetida ots

400g/14oz konservherneid, hakitud

250 ml / 8 ml vett

Soola maitse järgi

5 cm/2 tolli ingverijuur, peeneks hakitud

2 tl sidrunimahla

1 spl hakitud koriandri lehti

350 g / 12 untsi täisterajahu

meetod

- Kuumuta pannil 2 spl õli. Lisage asafoetida. Lisa keetes herned ja 120 ml vett. Küpseta keskmisel kuumusel 3 minutit.

- Lisa sool, ingver ja sidrunimahl. Sega hästi ja küpseta veel 5 minutit. Puista peale koriandrilehti ja tõsta kõrvale.

- Sega jahu soola, ülejäänud vee ja 3 spl õliga. Jaga väikesteks pallideks ja rulli need 10 cm läbimõõduga ümmargusteks ketasteks.

- Aseta igale viilule veidi hernesegu, nii et pool viilust oleks seguga kaetud. Voldi teine pool kokku, et moodustada D. Sulgege servad kokku surudes.

- Kuumuta õli. Prae ghugrasid keskmisel kuumusel kuldpruuniks. Serveeri kuumalt.

banaani kebab

20 tagasi

koostisained

6 rohelist banaani

1 spl ingveripastat

250 g / 9 untsi besaani*

25 g / veidi alla 1 untsi koriandri lehti, hakitud

½ tl tšillipulbrit

1 tl amchoor*

1 sidruni mahl

Soola maitse järgi

8 ml untsi / 240 ml rafineeritud taimeõli madalaks praadimiseks

meetod

- Keeda jahubanaani koores 10-15 minutit. Nõruta ja koori.

- Sega ülejäänud koostisosadega, õli välja arvatud. Vormi burgerid.

- Kuumuta pannil õli. Prae burgerid kuldpruuniks. Serveeri kuumalt.

Zunka

(Vürtsikas karrijahu)

4 inimesele

koostisained

Suudlus 750 g / 1 nael 10 untsi*, kuivalt praetud

400 ml / 14 ml vett

4 supilusikatäit rafineeritud taimeõli

½ tl sinepiseemneid

½ tl köömneid

½ tl kurkumit

3-4 rohelist tšillit pikuti lõigatud

10 küüslauguküünt, purustatud

3 väikest sibulat, peeneks hakitud

1 supilusikatäis tamarindipastat

Soola maitse järgi

meetod

- Sega besan piisavalt veega, et moodustuks paks pasta. Jäta see kõrvale.

- Kuumuta pannil õli. Lisa sinep ja köömned. Laske neil 15 sekundit keeda. Lisa ülejäänud koostisosad. Prae minut aega. Lisa besaanipasta ja sega madalal kuumusel pidevalt segades, kuni see pakseneb. Serveeri kuumalt.

naeris karri

4 inimesele

koostisained

3 tl mooniseemneid

3 tl seesamiseemneid

3 supilusikatäit koriandri seemneid

3 spl riivitud värsket kookospähklit

125 g / 4½ untsi jogurtit

120 ml / 4 ml oz rafineeritud taimeõli

2 suurt sibulat, peeneks hakitud

1 1/2 teelusikatäit tšillipulbrit

1 spl ingveripastat

1 spl küüslaugupastat

400 g riivitud kaalikat

Soola maitse järgi

meetod

- Kuivröstige mooni-, seesami-, koriandri- ja kookosseemneid 1-2 minutit. Jahvatage, kuni saate pasta.

- Sega see pasta jogurtiga. Jäta see kõrvale.

- Kuumuta pannil õli. Lisa ülejäänud koostisosad. Prae neid keskmisel kuumusel 5 minutit. Lisa jogurtisegu. Keeda madalal kuumusel 7-8 minutit. Serveeri kuumalt.

Chhaner Dhalna

(Bengali stiilis paneel)

4 inimesele

koostisained

2 spl sinepiõli pluss lisa praadimiseks

225 g / 8 untsi*, täringud

kaneel 2,5 cm / 1 tolli

3 rohelist kardemoni kauna

4 hammast

½ tl köömneid

1 tl kurkumit

2 suurt kartulit, kuubikuteks lõigatud ja praetud

½ tl tšillipulbrit

2 tl suhkrut

Soola maitse järgi

250 ml / 8 ml vett

2 spl hakitud koriandri lehti

meetod

- Kuumuta pannil praadimiseks õli. Lisa paneer ja prae keskmisel kuumusel kuldpruuniks. Kurnata ja varuda.

- Kuumuta pannil ülejäänud õli. Lisa ülejäänud koostisosad, välja arvatud vesi ja koriandrilehed. Prae 2-3 minutit.

- Lisa vesi. Keeda madalal kuumusel 7-8 minutit. Lisage paneel. Lase veel 5 minutit keeda. Kaunista koriandrilehtedega. Serveeri kuumalt.

mais kookospähkliga

4 inimesele

koostisained

2 spl selitatud võid

600 g / 1 nael 5 untsi maisiseemneid, keedetud

1 tl suhkrut

1 tl soola

10 g koriandri lehti, peeneks hakitud

Kookospasta jaoks:

50 g värskelt riivitud kookospähklit

3 supilusikatäit mooniseemneid

1 spl koriandri seemneid

2,5 cm/1 tolli ingverijuur, närbunud

3 rohelist tšillit

125 g / 4½ untsi maapähkleid

meetod

- Jahvata kõik kookospasta jaoks vajalikud koostisosad. Kuumuta pannil ghee. Lisa pasta ja keeda pidevalt segades 4-5 minutit.

- Lisa mais, suhkur ja sool. Keeda madalal kuumusel 4-5 minutit.

- Kaunista koriandrilehtedega. Serveeri kuumalt.

Roheline pipar kartulitega

4 inimesele

koostisained

2 supilusikatäit rafineeritud taimeõli

1 spl köömneid

10 küüslauguküünt, peeneks hakitud

3 suurt kartulit, lõigatud kuubikuteks

2 spl jahvatatud koriandrit

1 tl jahvatatud köömneid

½ tl kurkumit

½ tl amchoor*

½ tl garam masala

Soola maitse järgi

3 suurt rohelist paprikat, lõigatud juulis

3 spl hakitud koriandri lehti

meetod

- Kuumuta pannil õli. Lisa köömned ja küüslauk. Prae 30 sekundit.

- Lisa ülejäänud koostisosad, välja arvatud paprika ja koriandrilehed. Prae keskmisel kuumusel 5-6 minutit.

- Lisa paprika. Prae madalal kuumusel veel 5 minutit. Kaunista koriandrilehtedega. Serveeri kuumalt.

Maitsestatud herned kartulitega

4 inimesele

koostisained

2 supilusikatäit rafineeritud taimeõli

1 spl ingveripastat

1 suur sibul, peeneks hakitud

2 suurt kartulit, lõigatud kuubikuteks

500 g konservherneid

½ tl kurkumit

Soola maitse järgi

½ tl garam masala

2 suurt tükeldatud tomatit

½ tl tšillipulbrit

1 tl suhkrut

1 spl hakitud koriandri lehti

meetod

- Kuumuta pannil õli. Lisa ingveripasta ja sibul. Prae neid, kuni sibul on läbipaistev.

- Lisa ülejäänud koostisosad peale koriandri lehtede. Sega hästi. Kata kaanega ja küpseta 10 minutit.

- Kaunista koriandrilehtedega. Serveeri kuumalt.

praetud seened

4 inimesele

koostisained

2 supilusikatäit rafineeritud taimeõli

4 rohelist tšillit, lõigatud pikuti

8 küüslauguküünt, purustatud

100 g / 3½ untsi rohelist pipart, viilutatud

400 g/14 untsi seeni, viilutatud

Soola maitse järgi

½ tl peeneks jahvatatud musta pipart

25 g / veidi alla 1 untsi koriandri lehti, hakitud

meetod

- Kuumuta pannil õli. Lisa tšilli, küüslauk ja roheline paprika. Prae neid keskmisel kuumusel 1-2 minutit.

- Lisa seened, sool ja pipar. Sega hästi. Prae keskmisel kuumusel pehmeks. Kaunista koriandrilehtedega. Serveeri kuumalt.

Vürtsikad seened maisiga

4 inimesele

koostisained

2 supilusikatäit rafineeritud taimeõli

1 spl köömneid

2 loorberilehte

1 spl ingveripastat

2 rohelist tšillit, peeneks hakitud

1 suur sibul, peeneks hakitud

200 g seeni pooleks lõigatud

8-10 beebikammi, tükeldatud

125 g tomatipüreed

½ tl kurkumit

Soola maitse järgi

½ tl garam masala

½ tl suhkrut

¼ untsi / 10 g koriandri lehti, hakitud

meetod

- Kuumuta pannil õli. Lisa köömned ja loorberilehed. Laske neil 15 sekundit keeda.

- Lisa ingveripasta, roheline tšilli ja sibul. Prae 1-2 minutit.

- Lisa ülejäänud koostisosad peale koriandri lehtede. Sega hästi. Kata kaanega ja küpseta 10 minutit.

- Kaunista koriandrilehtedega. Serveeri kuumalt.

Vürtsikas kuivatatud lillkapsas

4 inimesele

koostisained

750 g / 1 nael 10 untsi lillkapsast

Soola maitse järgi

näputäis kurkumit

4 loorberilehte

750 ml / 1¼ liitrit vett

2 supilusikatäit rafineeritud taimeõli

4 hammast

4 rohelist kardemoni kauna

1 suur sibul, viilutatud

1 spl ingveripastat

1 spl küüslaugupastat

1 spl garam masala

½ tl tšillipulbrit

¼ tl jahvatatud musta pipart

10 india pähklit, hakitud

2 supilusikatäit jogurtit

3 supilusikatäit tomatipüreed

3 supilusikatäit võid

60 ml/2 ml vedelat koort

meetod

- Keeda lillkapsast koos soola, kurkumi, loorberilehe ja veega kastrulis keskmisel kuumusel 10 minutit. Nõruta ja aseta lilled ahjuvormi. Jäta see kõrvale.

- Kuumuta pannil õli. Lisa nelk ja kardemon. Laske neil 15 sekundit keeda.

- Lisa sibul, ingveripasta ja küüslaugupasta. Prae minut aega.

- Lisa garam masala, tšillipulber, pipar ja india pähklid. Prae 1-2 minutit.

- Lisa jogurt ja tomatipüree. Sega hästi. Lisa või ja koor. Sega minut aega. Eemaldage kuumusest.

- Vala see lillkapsale. Küpseta 150°C (300°F, gaasimärk 2) eelkuumutatud ahjus 8-10 minutit. Serveeri kuumalt.

seene karri

4 inimesele

koostisained

3 supilusikatäit rafineeritud taimeõli

2 suurt sibulat, hakitud

1 spl ingveripastat

1 spl küüslaugupastat

½ tl kurkumit

1 tl tšillipulbrit

1 tl jahvatatud koriandrit

400 g/14 untsi seeni, tükeldatud

200 g / 7 untsi herneid

2 tomatit, peeneks hakitud

½ tl garam masala

Soola maitse järgi

20 india pähkleid, jahvatatud

240 ml / 6 ml vett

meetod

- Kuumuta pannil õli. Lisa sibulad. Prae neid, kuni need muutuvad kuldseks.

- Lisa ingveripasta, küüslaugupasta, kurkum, tšillipulber ja jahvatatud koriander. Prae keskmisel kuumusel minut.

- Lisa ülejäänud koostisosad. Sega hästi. Kata kaanega ja keeda tasasel tulel 8-10 minutit. Serveeri kuumalt.

baingan bharta

(Röstitud baklažaan)

4 inimesele

koostisained

1 suur baklažaan

3 supilusikatäit rafineeritud taimeõli

1 suur sibul, peeneks hakitud

3 rohelist tšillit, lõigatud pikuti

¼ teelusikatäit kurkumit

Soola maitse järgi

½ tl garam masala

1 peeneks hakitud tomat

meetod

- Torka baklažaanid kahvliga läbi ja küpseta 25 minutit. Kui see on külm, eemaldage keedetud nahk ja riivige viljaliha. Jäta see kõrvale.

- Kuumuta pannil õli. Lisa sibul ja roheline paprika. Prae keskmisel kuumusel 2 minutit.

- Lisa kurkum, sool, garam masala ja tomatid. Sega hästi. Küpseta 5 minutit. Lisa baklažaanipüree. Sega hästi.

- Keeda tasasel tulel 8 minutit, aeg-ajalt segades. Serveeri kuumalt.

Taimne Hyderabad

4 inimesele

koostisained

2 supilusikatäit rafineeritud taimeõli

½ tl sinepiseemneid

1 suur sibul, peeneks hakitud

400 g / 14 untsi külmutatud köögivilju

½ tl kurkumit

Soola maitse järgi

Vürtside segu jaoks:

2,5 cm/1 tolli ingverijuur

8 küüslauguküünt

2 hammast

kaneel 2,5 cm / 1 tolli

1 supilusikatäis lambaläätse seemneid

3 rohelist tšillit

4 spl riivitud värsket kookospähklit

10 india pähklit

meetod

- Jahvata kõik maitseainesegu koostisosad kokku. Jäta see kõrvale.

- Kuumuta pannil õli. Lisa sinepiseemned. Laske neil 15 sekundit keeda. Lisa sibul ja prae kuldpruuniks.

- Lisa ülejäänud koostisosad ja jahvatatud vürtsisegu. Sega hästi. Keeda madalal kuumusel 8-10 minutit. Serveeri kuumalt.

Kaddu Bhaji*

(Kuivatatud kõrvits)

4 inimesele

koostisained

3 supilusikatäit rafineeritud taimeõli

½ tl köömneid

¼ tl lambaläätse seemneid

600 g / 1 nael 5 untsi kõrvitsat, õhukeselt viilutatud

Soola maitse järgi

½ tl jahvatatud köömneid

½ tl tšillipulbrit

¼ teelusikatäit kurkumit

1 tl amchoor*

1 tl suhkrut

meetod

- Kuumuta pannil õli. Lisa vürtsköömned ja lambaläätse. Laske neil 15 sekundit keeda. Lisa kõrvits ja sool. Sega hästi. Kata kaanega ja küpseta keskmisel kuumusel 8 minutit.

- Avage ja vajutage kergelt lusikaseljaga. Lisa ülejäänud koostisosad. Sega hästi. Küpseta 5 minutit. Serveeri kuumalt.

Muthia nüüd Shak

(Fenugree lihapallid kastmes)

4 inimesele

koostisained

200 g / 7 untsi värskeid lambaläätse lehti, peeneks hakitud

Soola maitse järgi

4½ untsi / 125 g täistera nisujahu

125 g besaani*

2 rohelist tšillit, peeneks hakitud

1 spl ingveripastat

3 tl suhkrut

1 sidruni mahl

½ tl garam masala

½ tl kurkumit

näputäis pärmi

3 supilusikatäit rafineeritud taimeõli

½ tl Iowani seemneid

½ tl sinepiseemneid

asafoetida ots

250 ml / 8 ml vett

meetod

- Sega lambaläätse lehed soolaga. Laske 10 minutit mõjuda. Pigista niiskus välja.

- Sega lambaläätse lehed jahu, besani, rohelise tšilli, ingveripasta, suhkru, sidrunimahla, garam masala, kurkumi ja küpsetuspulbriga. Sõtku, kuni saad ühtlase taigna.

- Jaga tainas 30 kreeka pähkli suuruseks palliks. Lamendada veidi, et moodustuks muthias. Jäta see kõrvale.

- Kuumuta pannil õli. Lisa ajovani, sinepi ja asafoetida seemned. Laske neil 15 sekundit keeda.

- Lisa muthias ja vesi.

- Kata kaanega ja keeda tasasel tulel 10-15 minutit. Serveeri kuumalt.

Kõrvitsa koot

(Läätsekarri)

4 inimesele

koostisained

50 g värskelt riivitud kookospähklit

1 spl köömneid

2 punast tšillit

150 g / 5½ untsi mung dhal*, leota 30 minutit ja nõruta

2 supilusikatäit chana dhal*

Soola maitse järgi

500 ml / 16 ml vett

2 supilusikatäit rafineeritud taimeõli

250 g kuubikuteks lõigatud kõrvitsat

¼ teelusikatäit kurkumit

meetod

- Jahvata kookospähkel, köömned ja punane tšillipipar pastaks. Jäta see kõrvale.

- Sega petipiim soola ja veega. Keeda seda segu kastrulis keskmisel kuumusel 40 minutit. Jäta see kõrvale.

- Kuumuta pannil õli. Lisa kõrvits, kurkum, keedetud dhal ja kookospasta. Sega hästi. Keeda madalal kuumusel 10 minutit. Serveeri kuumalt.

Rasa

(Kapsas ja herned kastmes)

4 inimesele

koostisained

2 spl rafineeritud taimeõli pluss lisa praadimiseks

250 g / 9 untsi lillkapsast

2 spl riivitud värsket kookospähklit

1 cm/½ tolli ingverijuur, purustatud

4-5 rohelist tšillit pikuti lõigatud

2-3 tomatit peeneks hakitud

400 g / 14 untsi külmutatud herneid

1 tl suhkrut

Soola maitse järgi

meetod

- Kuumuta pannil praadimiseks õli. Lisa lillkapsas. Prae keskmisel kuumusel kuldpruuniks. Kurnata ja varuda.
- Riivi kookospähkel, ingver, roheline tšilli ja tomatid. Kuumuta pannil 2 spl õli. Lisa see pasta ja prae 1-2 minutit.
- Lisa lillkapsas ja ülejäänud ained. Sega hästi. Keeda madalal kuumusel 4-5 minutit. Serveeri kuumalt.

Doodhi Manpasand

(Pudel kõrvits kastmes)

4 inimesele

koostisained

3 supilusikatäit rafineeritud taimeõli

3 kuivatatud punast tšillit

1 suur sibul, peeneks hakitud

Pudelikõrvits 500g/1nael 2oz*, Hakitud

¼ teelusikatäit kurkumit

2 spl jahvatatud koriandrit

1 tl jahvatatud köömneid

½ tl tšillipulbrit

½ tl garam masala

2,5 cm/1 tolli ingverijuur, peeneks hakitud

2 tomatit, peeneks hakitud

1 roheline pipar, südamik ja seemned eemaldatud ja peeneks hakitud

Soola maitse järgi

2 tl koriandrilehti, peeneks hakitud

meetod

- Kuumuta pannil õli. Prae punast paprikat ja sibulat 2 minutit.
- Lisa ülejäänud koostisosad peale koriandri lehtede. Sega hästi. Keeda madalal kuumusel 5-7 minutit. Kaunista koriandrilehtedega. Serveeri kuumalt.

Tomati chokha

(tomatikompott)

4 inimesele

koostisained

6 suurt tomatit

2 supilusikatäit rafineeritud taimeõli

1 suur sibul, peeneks hakitud

8 küüslauguküünt, peeneks hakitud

1 roheline tšilli, peeneks hakitud

½ tl tšillipulbrit

10 g koriandri lehti, peeneks hakitud

Soola maitse järgi

meetod

- Röstige tomateid 10 minutit. Koorige need ja tükeldage, kuni saate viljaliha. Jäta see kõrvale.
- Kuumuta pannil õli. Lisa sibul, küüslauk ja roheline tšilli. Prae 2-3 minutit. Lisa ülejäänud koostisosad ja tomati viljaliha. Sega hästi. Kata kaanega ja küpseta 5-6 minutit. Serveeri kuumalt.

Baingan Chokha

(baklažaanikompott)

4 inimesele

koostisained

1 suur baklažaan

2 supilusikatäit rafineeritud taimeõli

1 väike sibul, hakitud

8 küüslauguküünt, peeneks hakitud

1 roheline tšilli, peeneks hakitud

1 peeneks hakitud tomat

60 g / 2 untsi keedetud maisiterad

10 g koriandri lehti, peeneks hakitud

Soola maitse järgi

meetod

- Torka kogu baklažaan kahvliga läbi. Grilli 10-15 minutit. Koorige need ja tükeldage, kuni saate viljaliha. Jäta see kõrvale.
- Kuumuta pannil õli. Lisa sibul, küüslauk ja roheline tšilli. Prae neid keskmisel kuumusel 5 minutit.
- Lisa ülejäänud ained ja baklažaanisegu. Sega hästi. Küpseta 3-4 minutit. Serveeri kuumalt.

Lillkapsa ja herne karri

4 inimesele

koostisained

3 supilusikatäit rafineeritud taimeõli

¼ teelusikatäit kurkumit

3 rohelist tšillit, lõigatud pikuti

1 tl jahvatatud koriandrit

1 tolline ingveri juur, tükeldatud

250 g / 9 untsi lillkapsast

400 g / 14 untsi värskeid herneid

60 ml / 2 ml vett

Soola maitse järgi

1 spl peeneks hakitud koriandri lehti

meetod

- Kuumuta pannil õli. Lisa kurkum, roheline tšilli, jahvatatud koriander ja ingver. Prae keskmisel kuumusel minut.
- Lisa ülejäänud koostisosad peale koriandri lehtede. Segage hästi madalal kuumusel 10 minutit.
- Kaunista koriandrilehtedega. Serveeri kuumalt.

Aloo Methi ki Sabzi

(Karri ja lambaläätse karri)

4 inimesele

koostisained

100 g / 3½ untsi lambaläätse lehti, tükeldatud

Soola maitse järgi

4 supilusikatäit rafineeritud taimeõli

1 spl köömneid

5-6 rohelist tšillit

¼ teelusikatäit kurkumit

asafoetida ots

6 suurt kartulit, keedetud ja riivitud

meetod

- Sega lambaläätse lehed soolaga. Laske 10 minutit mõjuda.
- Kuumuta pannil õli. Lisa köömned, tšilli ja kurkum. Laske neil 15 sekundit keeda.
- Lisa ülejäänud koostisosad ja lambaläätse lehed. Sega hästi. Keeda madalal kuumusel 8-10 minutit. Serveeri kuumalt.

Magushapu Karela

4 inimesele

koostisained

500 g / 1 nael 2 untsi kibekõrvitsat*

Soola maitse järgi

750 ml / 1¼ liitrit vett

1 cm / ½ tolli ingverijuur

10 küüslauguküünt

4 suurt sibulat, hakitud

4 supilusikatäit rafineeritud taimeõli

asafoetida ots

½ tl kurkumit

1 tl jahvatatud koriandrit

1 tl jahvatatud köömneid

1 supilusikatäis tamarindipastat

2 supilusikatäit pruuni suhkrut*, varises kokku

meetod

- Koori kibekõrvits. Lõika need viiludeks ja pane 1 tunniks soolaga maitsestatud vette. Loputage ja väänake liigne vesi välja. Pesta ja varuda.
- Jahvata ingver, küüslauk ja sibul pastaks. Jäta see kõrvale.
- Kuumuta pannil õli. Lisage asafoetida. Lase keeda 15 sekundit. Lisa ingveri- ja sibulapasta ning ülejäänud koostisosad. Sega hästi. Prae 3-4 minutit. Lisa mõrukõrvits. Sega hästi. Kata kaanega ja keeda tasasel tulel 8-10 minutit. Serveeri kuumalt.

Karela Koshimbir

(purustatud krõmpsuv mõru kõrvits)

4 inimesele

koostisained

500 g / 1 nael 2 untsi kibekõrvitsat*, paljastatud

Soola maitse järgi

Rafineeritud taimeõli praadimiseks

2 keskmist sibulat, hakitud

50 g koriandri lehti, hakitud

3 rohelist tšillit, peeneks hakitud

½ värsket kookospähklit, riivitud

1 spl sidrunimahla

meetod

- Tükelda kibekõrvits. Kata need soolaga ja lase 2-3 tundi seista.
- Kuumuta pannil õli. Lisa mõrukõrvits ja prae keskmisel kuumusel kuldpruuniks ja krõbedaks. Nõruta, lase veidi jahtuda ja püreesta näppudega.
- Sega kausis ülejäänud koostisosad. Lisa kõrvits ja serveeri kuumalt.

Karela karri

(kibe nina)

4 inimesele

koostisained

½ kookospähkel

2 punast tšillit

1 spl köömneid

3 supilusikatäit rafineeritud taimeõli

1 näputäis asafoetida

2 suurt sibulat, peeneks hakitud

2 rohelist tšillit, peeneks hakitud

Soola maitse järgi

½ tl kurkumit

500 g / 1 nael 2 untsi kibekõrvitsat*, kooritud ja lõigatud

2 tomatit, peeneks hakitud

meetod

- Riivi pool kookosest ja tükelda ülejäänud. Jäta see kõrvale.
- Riivitud kuivatatud kookospähkel, punane tšillipipar ja köömned. Jahuta ja sega, kuni saad peene pasta. Jäta see kõrvale.
- Kuumuta pannil õli. Lisa asafoetida, sibul, roheline tšilli, sool, kurkum ja riivitud kookospähkel. Prae regulaarselt segades 3 minutit.
- Lisa mõrukõrvits ja tomatid. Küpseta 3-4 minutit.
- Lisa jahvatatud kookospasta. Küpseta 5-7 minutit ja serveeri kuumalt.

Lillkapsas

4 inimesele

koostisained

3 supilusikatäit rafineeritud taimeõli

5 cm/2 tolli ingverijuur, peeneks hakitud

12 küüslauguküünt, peeneks hakitud

1 lillkapsas, lõigatud õisikuteks

5 punast tšillit, neljaks lõigatud ja südamik

6 värsket sibulat pooleks lõigatud

3 tomatit, blanšeeritud ja tükeldatud

Soola maitse järgi

meetod

- Kuumuta pannil õli. Lisa ingver ja küüslauk. Prae keskmisel kuumusel minut.
- Lisa lillkapsas ja punane tšilli. Prae 5 minutit.
- Lisa ülejäänud koostisosad. Sega hästi. Keeda madalal kuumusel 7-8 minutit. Serveeri kuumalt.

pähkli karri

4 inimesele

koostisained

4 supilusikatäit selitatud võid

10 g india pähkleid

10 g kooritud mandleid

10-12 maapähklit

5-6 rosinat

10 pistaatsiapähklit

10 hakitud kreeka pähklit

1 tolline ingveri juur, tükeldatud

6 küüslauguküünt, purustatud

4 väikest sibulat, peeneks hakitud

4 tomatit peeneks hakitud

4 datlit, südamikust puhastatud ja viilutatud

½ tl kurkumit

125 g / 4½ untsi khoya*

1 spl garam masala

Soola maitse järgi

75 g / 2½ riivitud Cheddari juustu

1 spl hakitud koriandri lehti

meetod

- Kuumuta pannil ghee. Lisa kõik pähklid ja prae keskmisel kuumusel kuldpruuniks. Kurnata ja varuda.
- Prae samas ghees ingver, küüslauk ja sibul kuldpruuniks.
- Lisa röstitud kreeka pähklid ja kõik muud koostisosad peale juustu ja koriandrilehed. Katke kaanega. Keeda madalal kuumusel 5 minutit.
- Kaunista juustu ja koriandrilehtedega. Serveeri kuumalt.

Daikon lahkub Bhaajist

4 inimesele

koostisained

2 supilusikatäit rafineeritud taimeõli

¼ tl jahvatatud köömneid

2 punast tšillit, lõigatud tükkideks

asafoetida ots

400 g / 14 untsi daikoni lehti*, Hakitud

300g/10oz chana dhal*, keeda 1 tund

1 tl pruuni suhkrut*, varises kokku

¼ teelusikatäit kurkumit

Soola maitse järgi

meetod

- Kuumuta pannil õli. Lisa köömned, tšilli ja asafoetida.
- Laske neil 15 sekundit keeda. Lisa ülejäänud koostisosad. Sega hästi. Keeda madalal kuumusel 10-15 minutit. Serveeri kuumalt.

Chohole Aloo

(Karri kikerherneste ja kartulitega)

4 inimesele

koostisained

500 g üleöö leotatud kikerherneid

näputäis pärmi

Soola maitse järgi

1 liiter / 1¾ liitrit vett

3 supilusikatäit selitatud võid

2,5 cm/1 tolli ingverijuur, närbunud

2 suurt sibulat, hakitud, pluss 1 väike sibul, viilutatud

2 kuubikuteks lõigatud tomatit

1 spl garam masala

1 tl jahvatatud köömneid, kuivröstitud

½ tl jahvatatud rohelist kardemoni

½ tl kurkumit

2 suurt kartulit, keedetud ja kuubikuteks lõigatud

2 tl tamarindipastat

1 spl hakitud koriandri lehti

meetod

- Keeda kikerherneid koos soodavesinikkarbonaadi, soola ja veega pannil keskmisel kuumusel 45 minutit. Kurnata ja varuda.
- Kuumuta pannil ghee. Lisa ingver ja hakitud sibul. Prae läbipaistvaks. Lisa ülejäänud koostisosad, välja arvatud koriandrilehed ja hakitud sibul. Sega hästi. Lisa kikerherned ja küpseta 7-8 minutit.
- Kaunista koriandrilehtede ja hakitud sibulaga. Serveeri kuumalt.

maapähkli karri

4 inimesele

koostisained

1 tl mooniseemneid

1 spl koriandri seemneid

1 spl köömneid

2 punast tšillit

25 g / veidi alla 1 untsi hakitud värsket kookospähklit

3 supilusikatäit selitatud võid

2 väikest sibulat, hakitud

900 g / 2 naela maapähkleid, hakitud

1 tl amchoor*

½ tl kurkumit

1 suur tomat, blanšeeritud ja tükeldatud

2 tl pruuni suhkrut*, varises kokku

500 ml / 16 ml vett

Soola maitse järgi

15 g/½ untsi koriandri lehti, tükeldatud

meetod

- Jahvata mooniseemned, koriandriseemned, köömned, punane tšilli ja kookospähkel peeneks pastaks. Jäta see kõrvale.
- Kuumuta pannil ghee. Lisa sibulad. Prae läbipaistvaks.
- Lisa jahvatatud pasta ja ülejäänud koostisosad, välja arvatud koriandrilehed. Sega hästi. Keeda madalal kuumusel 7-8 minutit.
- Kaunista koriandrilehtedega. Serveeri kuumalt.

upkari oad

(kookosoad)

4 inimesele

koostisained

1 spl rafineeritud taimeõli

½ tl sinepiseemneid

½ tl urad dhali*

2-3 punast tšillit hakitud

500 g / 1 nael 2 untsi Prantsuse rohelisi ube, tükeldatud

1 tl pruuni suhkrut*, varises kokku

Soola maitse järgi

25 g / veidi alla 1 untsi hakitud värsket kookospähklit

meetod

- Kuumuta pannil õli. Lisa sinepiseemned. Laske neil 15 sekundit keeda.
- Lisa puljong. Prae kuni kuldpruunini. Lisa ülejäänud koostisosad peale kookospähkli. Sega hästi. Keeda madalal kuumusel 8-10 minutit.
- Kaunista kookospähkliga. Serveeri kuumalt.

Karate Ambadei

(Mõru kõrvits ja küpsemata mango karri)

4 inimesele

koostisained

250g / 9oz mõru kõrvits*, lõika viiludeks

Soola maitse järgi

60 g / 2 untsi pruuni suhkrut*, varises kokku

1 spl rafineeritud taimeõli

4 kuivatatud punast tšillit

1 spl urad dhal*

1 supilusikatäis lambaläätse seemneid

2 spl koriandri seemneid

50 g värskelt riivitud kookospähklit

¼ teelusikatäit kurkumit

4 väikest rohelist mangot

meetod

- Hõõru kibekõrvitsatükid soolaga. Jäta tund aega seisma.
- Pigista kõrvitsatükkidest vesi välja. Prae neid kastrulis suhkruga keskmisel kuumusel 4-5 minutit. Jäta see kõrvale.
- Kuumuta pannil õli. Lisa punane tšilli, dhal, lambaläätse ja koriandri seemned. Prae minut aega. Lisa mõrukõrvits ja ülejäänud koostisosad. Sega hästi. Keeda madalal kuumusel 4-5 minutit. Serveeri kuumalt.

kadhai paneer

(Vürtsikas paneer)

4 inimesele

koostisained

2 supilusikatäit rafineeritud taimeõli

1 suur sibul, viilutatud

3 suurt rohelist paprikat, peeneks hakitud

500 g / 1 nael 2 untsi*, lõika 2,5 cm tükkideks

1 peeneks hakitud tomat

¼ tl jahvatatud koriandrit, kuivröstitud

Soola maitse järgi

¼ untsi / 10 g koriandri lehti, hakitud

meetod

- Kuumuta pannil õli. Lisa sibul ja pipar. Prae keskmisel kuumusel 2-3 minutit.
- Lisa ülejäänud koostisosad peale koriandri lehtede. Sega hästi. Keeda madalal kuumusel 5 minutit. Kaunista koriandrilehtedega. Serveeri kuumalt.

Kathirikkai Vangi

(Lõuna-India baklažaanikarri)

4 inimesele

koostisained

150 g / 5½ untsi masoor dhali*

Soola maitse järgi

¼ teelusikatäit kurkumit

500 ml / 16 ml vett

250 g baklažaane, lõigatud õhukesteks viiludeks

1 spl rafineeritud taimeõli

¼ tl sinepiseemneid

1 supilusikatäis tamarindipastat

8-10 karrilehte

1 tl sambhari pulbrit*

meetod

- Sega masor dhal soola, näpuotsatäie kurkumi ja poole veega. Küpseta pannil keskmisel kuumusel 40 minutit. Jäta see kõrvale.
- Küpseta baklažaane koos soola, kurkumi ja veega teisel pannil keskmisel kuumusel 20 minutit. Jäta see kõrvale.
- Kuumuta pannil õli. Lisa sinepiseemned. Laske neil 15 sekundit keeda. Lisa ülejäänud koostisosad, dhal ja baklažaan. Sega hästi. Keeda madalal kuumusel 6-7 minutit. Serveeri kuumalt.

Pitt

(Vürtsikas karrijahu)

4 inimesele

koostisained

250 g/9 untsi besaani*

500 ml / 16 ml vett

2 supilusikatäit rafineeritud taimeõli

¼ tl sinepiseemneid

2 suurt sibulat, peeneks hakitud

6 küüslauguküünt, purustatud

2 supilusikatäit tamarindipastat

1 spl garam masala

Soola maitse järgi

1 spl hakitud koriandri lehti

meetod

- Sega luud ja vesi. Jäta see kõrvale.
- Kuumuta pannil õli. Lisa sinepiseemned. Laske neil 15 sekundit keeda. Lisa sibul ja küüslauk. Prae kuni sibulad muutuvad kuldpruuniks.
- Lisa oapasta. Keeda madalal kuumusel, kuni see hakkab keema.
- Lisa ülejäänud koostisosad. Keeda madalal kuumusel 5 minutit. Serveeri kuumalt.

lillkapsas masala

4 inimesele

koostisained

1 suur lillkapsas, keedetud soolaga maitsestatud vees

3 supilusikatäit rafineeritud taimeõli

2 spl peeneks hakitud koriandri lehti

1 tl jahvatatud koriandrit

½ tl jahvatatud köömneid

¼ tl jahvatatud ingverit

Soola maitse järgi

120 ml / 4 ml vett

Kastme jaoks:

200 g / 7 untsi jogurtit

1 supilusikatäis suudlust*, kuivröstitud

¾ tl tšillipulbrit

meetod

- Nõruta lillkapsas ja lõika õisikuteks.
- Kuumuta pannil 2 spl õli. Lisa lillkapsas ja prae keskmisel kuumusel kuldpruuniks. Jäta see kõrvale.
- Sega kõik kastme koostisosad.
- Kuumuta pannil 1 spl õli ja lisa see segu. Prae minut aega.
- Kata kaanega ja keeda tasasel tulel 8-10 minutit.
- Lisa lillkapsas. Sega hästi. Keeda madalal kuumusel 5 minutit.
- Kaunista koriandrilehtedega. Serveeri kuumalt.

Shukna Kaça Pepe

(Roheline papaia karri)

4 inimesele

koostisained

150 g / 5½ untsi chana dhal*, leotada üleöö, nõrutada ja jahvatada pastaks

3 spl rafineeritud taimeõli pluss praadimiseks

2 tervet kuivatatud punast tšillit

½ tl lambaläätse seemneid

½ tl sinepiseemneid

1 roheline papaia, kooritud ja riivitud

1 tl kurkumit

1 spl suhkrut

Soola maitse järgi

meetod

- Jaga dhali tainas kreeka pähkli suurusteks pallideks. Õhukesed lamedad viilud.
- Kuumuta pannil praadimiseks õli. Lisage kettaid. Prae keskmisel kuumusel kuldpruuniks. Nõruta ja lõika tükkideks. Jäta see kõrvale.
- Kuumuta pannil ülejäänud õli. Lisa tšilli, lambaläätse ja sinepiseemned. Laske neil 15 sekundit keeda.
- Lisa ülejäänud koostisosad. Sega hästi. Kata kaanega ja keeda tasasel tulel 8-10 minutit. Lisa dhali tükid. Sega korralikult läbi ja serveeri.

kuivatatud okra

4 inimesele

koostisained

3 spl sinepiõli

½ tl Kalonji seemneid*

750 g / 1 nael 10 untsi okra, lõigatud pikisuunas

Soola maitse järgi

½ tl tšillipulbrit

½ tl kurkumit

2 tl suhkrut

3 spl jahvatatud sinepit

1 supilusikatäis tamarindipastat

meetod

- Kuumuta pannil õli. Prae sibulaseemneid ja okrat 5 minutit.
- Lisa sool, tšillipulber, kurkum ja suhkur. Katke kaanega. Keeda madalal kuumusel 10 minutit.
- Lisa ülejäänud koostisosad. Sega hästi. Küpseta 2-3 minutit. Serveeri kuumalt.

Moghlai lillkapsas

4 inimesele

koostisained

Ingveri juur 5 cm / 2 tolli

2 spl köömneid

6-7 tera musta pipart

500 g / 1 nael 2 untsi lillkapsast

Soola maitse järgi

2 spl selitatud võid

2 loorberilehte

200 g / 7 untsi jogurtit

500 ml / 16 ml kookospiima

1 tl suhkrut

meetod

- Jahvata ingver, köömned ja pipraterad peeneks pastaks.
- Marineerige lillkapsast selle pasta ja soolaga 20 minutit.
- Kuumuta pannil ghee. Lisage lillekimbud. Prae kuni kuldpruunini. Lisa ülejäänud koostisosad. Sega hästi. Kata kaanega ja keeda tasasel tulel 7-8 minutit. Serveeri kuumalt.

Bhapa Shorshe Baingan

(Baklažaanid sinepikastmes)

4 inimesele

koostisained

2 pikka baklažaani

Soola maitse järgi

¼ teelusikatäit kurkumit

3 supilusikatäit rafineeritud taimeõli

3 spl sinepiõli

2-3 supilusikatäit valmistatud sinepit

1 spl peeneks hakitud koriandri lehti

1-2 rohelist tšillit, peeneks hakitud

meetod

- Lõika iga baklažaan pikuti 8-12 tükiks. Lase 5 minutit soola ja kurkumiga marineerida.
- Kuumuta pannil õli. Lisa baklažaaniviilud ja kata kaanega. Keeda keskmisel kuumusel 3-4 minutit, aegajalt segades.
- Vahusta sinepiõli ettevalmistatud sinepiga ja lisa baklažaanid. Sega hästi. Küpseta keskmisel kuumusel minut.
- Kaunista koriandrilehtede ja rohelise tšilliga. Serveeri kuumalt.

Röstitud köögiviljad vürtsikas kastmes

4 inimesele

koostisained

2 spl võid

4 küüslauguküünt, peeneks hakitud

1 suur sibul, peeneks hakitud

1 spl tavalist valget jahu

200 g / 7 untsi külmutatud köögivilju

Soola maitse järgi

1 tl tšillipulbrit

1 spl sinepipastat

250 ml tomatikastet

4 suurt kartulit, keedetud ja viilutatud

250 ml / 8 ml bešamelli

4 spl riivitud Cheddari juustu

meetod

- Kuumuta pannil või. Lisa küüslauk ja sibul. Prae läbipaistvaks. Lisa jahu ja prae minut aega.
- Lisa köögiviljad, sool, tšillipulber, sinepipasta ja ketšup. Küpseta keskmisel kuumusel 4-5 minutit. Jäta see kõrvale.
- Määri küpsetusplaat. Laota köögivilja- ja kartulisegu vaheldumisi kihtidena. Täiendage bešameli ja juustuga.
- Küpseta 200°C (400°F, gaas 6) juures 20 minutit. Serveeri kuumalt.

maitsev tofu

4 inimesele

koostisained

2 supilusikatäit rafineeritud taimeõli

3 väikest sibulat, hakitud

1 spl ingveripastat

1 spl küüslaugupastat

3 tomatipüree

50 g lahtiklopitud kreeka jogurtit

400 g/14 untsi tofut, lõigatud 2,5 cm/1 tolli tükkideks

25 g koriandri lehti, peeneks hakitud

Soola maitse järgi

meetod

- Kuumuta pannil õli. Lisa sibul, ingveripasta ja küüslaugupasta. Prae 5 minutit keskmisel kuumusel.
- Lisa ülejäänud koostisosad. Sega hästi. Keeda madalal kuumusel 3-4 minutit. Serveeri kuumalt.

Aloo Baingan

(Karri kartulite ja baklažaanidega)

4 inimesele

koostisained

3 supilusikatäit rafineeritud taimeõli

1 spl sinepiseemneid

½ tl asafoetida

1 cm/½ tolli ingverijuur, peeneks hakitud

4 rohelist tšillit, lõigatud pikuti

10 küüslauguküünt, peeneks hakitud

6 karrilehte

½ tl kurkumit

3 suurt kartulit, keedetud ja kuubikuteks lõigatud

250 g/9 untsi baklažaani, tükeldatud

½ tl amchoor*

Soola maitse järgi

meetod

- Kuumuta pannil õli. Lisa sinepiseemned ja asafoetida. Laske neil 15 sekundit keeda.
- Lisa ingver, roheline tšilli, küüslauk ja karrilehed. Prae pidevalt segades 1 minut.
- Lisa ülejäänud koostisosad. Sega hästi. Kata kaanega ja keeda tasasel tulel 10-12 minutit. Serveeri kuumalt.

Magus hernekarri

4 inimesele

koostisained

500 g magusaid herneid

2 supilusikatäit rafineeritud taimeõli

1 spl ingveripastat

1 suur sibul, peeneks hakitud

2 suurt kartulit, kooritud ja kuubikuteks lõigatud

½ tl kurkumit

½ tl garam masala

½ tl tšillipulbrit

1 tl suhkrut

2 suurt tükeldatud tomatit

Soola maitse järgi

meetod

- Koori hernekaunade otstest niidid. Haki rohelised oad. Jäta see kõrvale.
- Kuumuta pannil õli. Lisa ingveripasta ja sibul. Prae läbipaistvaks. Lisa ülejäänud koostisosad ja rohelised oad. Sega hästi. Kata kaanega ja keeda tasasel tulel 7-8 minutit. Serveeri kuumalt.

Kõrvitsa ja kartuli karri

4 inimesele

koostisained

2 supilusikatäit rafineeritud taimeõli

1 supilusikatäis panchforoni*

asafoetida ots

1 kuivatatud punane tšilli, hakitud

1 loorberileht

4 suurt kartulit, lõigatud kuubikuteks

200 g / 7 untsi kõrvitsat, lõigatud kuubikuteks

½ tl ingveripastat

½ tl küüslaugupastat

1 tl jahvatatud köömneid

1 tl jahvatatud koriandrit

¼ teelusikatäit kurkumit

½ tl garam masala

1 tl amchoor*

500 ml / 16 ml vett

Soola maitse järgi

meetod

- Kuumuta pannil õli. Lisa panchforon. Laske neil 15 sekundit keeda.
- Lisa asafoetida, punased tšillihelbed ja loorberilehed. Prae minut aega.
- Lisa ülejäänud koostisosad. Sega hästi. Keeda madalal kuumusel 10-12 minutit. Serveeri kuumalt.

Thorani muna

(vürtsikas munapuder)

4 inimesele

koostisained

60 ml / 2 ml untsi rafineeritud taimeõli

¼ tl sinepiseemneid

2 sibulat peeneks hakitud

1 suur tomat, peeneks hakitud

1 tl värskelt jahvatatud musta pipart

Soola maitse järgi

4 lahtiklopitud muna

25 g / veidi alla 1 untsi hakitud värsket kookospähklit

50 g koriandri lehti, hakitud

meetod

- Kuumuta pannil õli ja prae sinepiseemned. Laske neil 15 sekundit keeda. Lisa sibulad ja prae kuldpruuniks. Lisa tomatid, pipar ja sool. Prae 2-3 minutit.
- Lisa munad. Keeda madalal kuumusel pidevalt segades.
- Kaunista kookose- ja koriandrilehtedega. Serveeri kuumalt.

Baingan Lajawab

(Baklažaan lillkapsaga)

4 inimesele

koostisained

4 suurt baklažaani

2 spl rafineeritud taimeõli pluss lisa praadimiseks

1 spl köömneid

½ tl kurkumit

2,5 cm/1 tolli ingverijuur, jahvatatud

2 rohelist tšillit, peeneks hakitud

1 tl amchoor*

Soola maitse järgi

100 g külmutatud herneid

meetod

- Lõika iga baklažaan pikuti ja eemalda viljaliha.
- Kuumuta õli. Lisa baklažaanikoored. Prae 2 minutit. Jäta see kõrvale.
- Kuumuta pannil 2 spl õli. Lisa köömned ja kurkum. Laske neil 15 sekundit keeda. Lisa ülejäänud ained ja baklažaanisegu. Sega õrnalt ja keeda tasasel tulel 5 minutit.
- Täida baklažaanikoor ettevaatlikult selle seguga. Grilli 3-4 minutit. Serveeri kuumalt.

Taimetoitlane kevad

(Köögiviljad pähklikastmes)

4 inimesele

koostisained

3 supilusikatäit rafineeritud taimeõli

1 suur sibul, peeneks hakitud

2 suurt tomatit, peeneks hakitud

1 spl ingveripastat

1 spl küüslaugupastat

20 india pähkleid, jahvatatud

2 spl hakitud kreeka pähkleid

2 spl mooniseemneid

200 g / 7 untsi jogurtit

3½ untsi / 100 g külmutatud köögivilju

1 spl garam masala

Soola maitse järgi

meetod

- Kuumuta pannil õli. Lisa sibul. Prae keskmisel kuumusel kuldpruuniks. Lisa tomatid, ingveripasta, küüslaugupasta, india pähklid, kreeka pähklid ja mooniseemned. Prae 3-4 minutit.
- Lisa ülejäänud koostisosad. Küpseta 7-8 minutit. Serveeri kuumalt.

Täidetud köögiviljad

4 inimesele

koostisained

4 väikest kartulit

100 g / 3½ untsi okra

4 väikest baklažaani

4 supilusikatäit rafineeritud taimeõli

½ tl sinepiseemneid

asafoetida ots

Täidise jaoks:

250 g/9 untsi besaani*

1 tl jahvatatud koriandrit

1 tl jahvatatud köömneid

½ tl kurkumit

1 tl tšillipulbrit

1 spl garam masala

Soola maitse järgi

meetod

- Sega kõik täidise koostisosad. Jäta see kõrvale.
- Tükelda kartul, okra ja baklažaan. Täida täidisega. Jäta see kõrvale.
- Kuumuta pannil õli. Lisa sinepiseemned ja asafoetida. Laske neil 15 sekundit keeda. Lisa täidisega köögiviljad. Kata kaanega ja keeda tasasel tulel 8-10 minutit. Serveeri kuumalt.

Aloo Singh

(battula kartulitega)

4 inimesele

koostisained

5 supilusikatäit rafineeritud taimeõli

3 väikest sibulat, peeneks hakitud

3 rohelist tšillit, peeneks hakitud

2 suurt tomatit, peeneks hakitud

2 spl jahvatatud koriandrit

Soola maitse järgi

5 India söögipulka*, lõika 7,5 cm tükkideks

2 suurt kartulit, viilutatud

360 ml / 12 ml vett

meetod

- Kuumuta pannil õli. Lisa sibul ja tšilli. Prae neid madalal kuumusel minut.
- Lisa tomatid, jahvatatud koriander ja sool. Prae 2-3 minutit.
- Lisa lambaliha, kartul ja vesi. Sega hästi. Keeda madalal kuumusel 10-12 minutit. Serveeri kuumalt.

sindi karri

4 inimesele

koostisained

150 g / 5½ untsi masoor dhali*

Soola maitse järgi

1 liiter / 1¾ liitrit vett

4 tomatit peeneks hakitud

5 supilusikatäit rafineeritud taimeõli

½ tl köömneid

¼ tl lambaläätse seemneid

8 karrilehte

3 rohelist tšillit, lõigatud pikuti

¼ teelusikatäit asafoetida

4 supilusikatäit suudlusi*

½ tl tšillipulbrit

½ tl kurkumit

8 okra, lõika pikuti

10 rohelist uba, tükeldatud

6-7 kokum*

1 suur porgand, peeneks riivitud

1 suur kartul, kuubikuteks lõigatud

meetod

- Sega dhal soola ja veega. Keeda seda segu kastrulis keskmisel kuumusel 45 minutit, aeg-ajalt segades.
- Lisa tomatid ja küpseta 7-8 minutit. Jäta see kõrvale.
- Kuumuta pannil õli. Lisa köömned ja lambaläätse seemned, karrilehed, roheline tšilli ja asafoetida. Laske neil 30 sekundit keeda.
- Lisa suudlus. Prae pidevalt segades minut.
- Lisa ülejäänud koostisosad ja dal segu. Sega hästi. Keeda madalal kuumusel 10 minutit. Serveeri kuumalt.

Gulnar Kofta

(Spinati lihapallid)

4 inimesele

koostisained

150 g / 5½ untsi segatud pähkleid

200 g / 7 untsi khoya*

4 suurt kartulit, keedetud ja riivitud

150 g leiba*, tükkideks rebitud

100 g / 3½ untsi Cheddari juustu

2 tl maisijahu

Rafineeritud taimeõli praadimiseks

2 tl võid

100 g / 3½ untsi spinatit, peeneks hakitud

1 tl koort

Soola maitse järgi

Vürtside segu jaoks:

2 hammast

1 cm kaneeli

3 tera musta pipart

meetod

- Sega kuivatatud puuviljad khoyaga. Jäta see kõrvale.
- Jahvata kõik maitseainesegu koostisosad. Jäta see kõrvale.
- Sega kartulid, paneer, juust ja maisitärklis taignaks. Jaga tainas kreeka pähkli suurusteks pallideks ja lameda need viiludeks. Aseta igale viilule portsjon kuivatatud puuvilju ja khoya segu ning sule nagu kott.
- Veereta kreeka pähkli suurusteks pallideks, et moodustada koftas. Jäta see kõrvale.
- Kuumuta pannil õli. Lisa koftas ja prae keskmisel kuumusel kuldpruuniks. Nõruta ja säilita serveerimisnõus.
- Kuumuta pannil või. Lisa jahvatatud vürtsisegu. Prae minut aega.
- Lisa spinat ja küpseta 2-3 minutit.
- Lisa koor ja sool. Sega hästi. Vala see segu kofta peale. Serveeri kuumalt.

paneer korma

(Rich Paneer Curry)

4 inimesele

koostisained

500 g / 1 nael 2 untsi*

3 supilusikatäit rafineeritud taimeõli

1 suur sibul, hakitud

2,5 cm/1 tolli ingverijuur, närbunud

8 küüslauguküünt, purustatud

2 rohelist tšillit, peeneks hakitud

1 suur tomat, peeneks hakitud

¼ teelusikatäit kurkumit

½ tl jahvatatud koriandrit

½ tl jahvatatud köömneid

1 tl tšillipulbrit

½ tl garam masala

125 g / 4½ untsi jogurtit

Soola maitse järgi

250 ml / 8 ml vett

2 spl peeneks hakitud koriandri lehti

meetod

- Lihvige pool paneeli ja lõigake ülejäänud 2,5 cm tükkideks.
- Kuumuta pannil õli. Lisage paneeli tükid. Prae neid keskmisel kuumusel kuldpruuniks. Kurnata ja varuda.
- Prae samas õlis sibulat, ingverit, küüslauku ja rohelist paprikat keskmisel kuumusel 2-3 minutit.
- Lisa tomat. Prae 2 minutit.
- Lisa kurkum, jahvatatud koriander, jahvatatud köömned, tšillipulber ja garam masala. Sega hästi. Prae 2-3 minutit.
- Lisa jogurt, sool ja vesi. Sega hästi. Keeda madalal kuumusel 8-10 minutit.
- Lisa praetud paneeritükid. Sega hästi. Keeda madalal kuumusel 5 minutit.
- Kaunistame hakitud lehtede ja koriandriga. Serveeri kuumalt.

Kartulitšatni

4 inimesele

koostisained

100g koriandrilehti, peeneks hakitud

4 rohelist tšillit

2,5 cm/1 tolli ingverijuur

7 küüslauguküünt

25 g / veidi alla 1 untsi hakitud värsket kookospähklit

1 spl sidrunimahla

1 spl köömneid

1 spl koriandri seemneid

½ tl kurkumit

½ tl tšillipulbrit

Soola maitse järgi

750 g suuri kartuleid, kooritud ja viilutatud

4 supilusikatäit rafineeritud taimeõli

¼ tl sinepiseemneid

meetod

- Sega omavahel koriandrilehed, rohelised tšilli, ingver, küüslauk, kookospähkel, sidrunimahl, köömned ja koriandriseemned. Jahvata see segu peeneks pastaks.
- Sega see pasta kurkumi, tšillipulbri ja soolaga.
- Marineerige kartuleid selle seguga 30 minutit.
- Kuumuta pannil õli. Lisa sinepiseemned. Laske neil 15 sekundit keeda.
- Lisa kartulid. Keeda neid aeg-ajalt segades tasasel tulel 8-10 minutit. Serveeri kuumalt.

Fuajee

(Mustasilmne karri)

4 inimesele

koostisained

400g mustsilmherneid, üleöö leotatud

näputäis pärmi

Soola maitse järgi

1,4 liitrit / 2½ liitrit vett

1 suur sibul

4 küüslauguküünt

3 supilusikatäit selitatud võid

2 spl jahvatatud koriandrit

1 tl jahvatatud köömneid

1 tl amchoor*

½ tl garam masala

½ tl tšillipulbrit

¼ teelusikatäit kurkumit

2 kuubikuteks lõigatud tomatit

3 rohelist tšillit, peeneks hakitud

2 supilusikatäit koriandri lehti,

väga peeneks hakitud

meetod

- Sega herned söögisooda, soola ja 1,2 liitri/2 liitri veega. Keeda seda segu kastrulis keskmisel kuumusel 45 minutit. Kurnata ja varuda.
- Jahvatage sibul ja küüslauk pastaks.
- Kuumuta pannil ghee. Lisa pasta ja küpseta keskmisel kuumusel kuldpruuniks.
- Lisa keedetud herned, ülejäänud vesi ja kõik muud koostisosad peale koriandri lehtede. Keeda madalal kuumusel 8-10 minutit.
- Kaunista koriandrilehtedega. Serveeri kuumalt.

Taimne Khatta Meetha

(Köögiviljad magusad ja hapud)

4 inimesele

koostisained

1 spl jahu

1 spl linnaseäädikat

2 supilusikatäit suhkrut

50 g kapsast, peeneks lõigatud pikkadeks ribadeks

1 suur roheline paprika, lõigatud ribadeks

1 suur porgand, lõigatud ribadeks

50 g kooritud ja tükeldatud rohelisi ube

100 g / 3½ untsi beebimaisi

1 spl rafineeritud taimeõli

½ tl ingveripastat

½ tl küüslaugupastat

2-3 rohelist tšillit, peeneks hakitud

4-5 murulauku peeneks hakitud

125 g tomatipüreed

120 ml tomatikastet

Soola maitse järgi

10 g koriandri lehti, peeneks hakitud

meetod

- Sega jahu äädika ja suhkruga. Jäta see kõrvale.
- Segage kapsas, roheline pipar, porgand, rohelised oad ja maisi. Keeda seda segu auruti 10 minutit. Jäta see kõrvale.
- Kuumuta pannil õli. Lisa ingveripasta, küüslaugupasta ja tšilli. Prae 30 sekundit.
- Lisa kikerherned. Prae 1-2 minutit.
- Lisa aurutatud köögiviljad ja tomatipüree, tomatikaste ja sool. Keeda madalal kuumusel 5-6 minutit.
- Lisa jahupasta. Küpseta 3-4 minutit.
- Kaunista koriandrilehtedega. Serveeri kuumalt.

Dahiwale Chhole

(kikerherned hapukoores)

4 inimesele

koostisained

500 g üleöö leotatud kikerherneid

näputäis pärmi

Soola maitse järgi

1 liiter / 1¾ liitrit vett

3 supilusikatäit selitatud võid

2 suurt sibulat, hakitud

1 spl riivitud ingverit

150 g jogurtit

1 spl garam masala

1 tl jahvatatud köömneid, kuivröstitud

½ tl tšillipulbrit

¼ teelusikatäit kurkumit

1 tl amchoor*

½ supilusikatäit india pähkleid

½ supilusikatäit rosinaid

meetod

- Sega kikerherned söögisooda, soola ja veega. Keeda seda segu kastrulis keskmisel kuumusel 45 minutit. Kurnata ja varuda.
- Kuumuta pannil ghee. Lisa sibul ja ingver. Prae neid keskmisel kuumusel, kuni sibul on läbipaistev.
- Lisa kikerherned ja ülejäänud koostisosad peale india pähklite ja rosinate. Sega hästi. Keeda madalal kuumusel 7-8 minutit.
- Kaunista india pähklite ja rosinatega. Serveeri kuumalt.

Teekha Papad Bhaji*

(vürtsikas Poppadami roog)

4 inimesele

koostisained

1 spl rafineeritud taimeõli

¼ tl sinepiseemneid

¼ tl köömneid

¼ tl lambaläätse seemneid

2 spl jahvatatud koriandrit

3 tl suhkrut

Soola maitse järgi

250 ml / 8 ml vett

6 papadami, tükeldatud

1 spl hakitud koriandri lehti

meetod

- Kuumuta pannil õli. Lisa sinep, köömned ja lambaläätseseemned, jahvatatud koriander, suhkur ja sool. Laske neil 30 sekundit keeda. Lisa vesi ja keeda 3-4 minutit.

- Lisa poppadami tükid. Keeda madalal kuumusel 5-7 minutit. Kaunista koriandrilehtedega. Serveeri kuumalt.

www.ingramcontent.com/pod-product-compliance
Lightning Source LLC
Chambersburg PA
CBHW050153130526
44591CB00033B/1295